国家职业资格培训教程

农产品经纪人基础知识

中华全国供销合作总社
职业技能鉴定指导中心　组织编写

中国财政经济出版社

图书在版编目（CIP）数据

农产品经纪人基础知识/中华全国供销合作总社职业技能鉴定指导中心组织编写．—北京：中国财政经济出版社，2005.1

国家职业资格培训教程

ISBN 978-7-5005-7817-8

Ⅰ．农…　Ⅱ．中…　Ⅲ．农产品-经纪人-技术培训-教材
Ⅳ．F323.7

中国版本图书馆CIP数据核字（2004）第133935号

中国财政经济出版社出版

URL：http：//www.cfeph.cn

E-mail：cfeph@cfeph.cn

社址：北京市海淀区阜成路甲28号　邮政编码：100036

发行处电话：88190406　财经书店电话：64033436

北京富生印刷厂印刷　　各地新华书店经销

850×1168毫米　32开　6印张　138 000字

2005年1月第1版　2012年4月北京第12次印刷

印数：60011-61020册　定价：16.50元

ISBN 978-7-5005-7817-8/F·6865

（图书出现印装问题，本社负责调换）

编审委员会

序

农产品经纪人是我国职业分类大典中的新生儿，它是改革开放以来，中国特色社会主义市场经济条件下诞生的一个新的职业群体，他们反映灵敏，不辞辛苦在农村商品生产与销售之间牵线搭桥，为促进我国农产品流通发挥了积极作用。农产品经纪人已经成为助农增收的一支重要力量。

目前，据不完全统计，我国现有农产品经纪人约 800 万人左右，这是一支庞大而年轻的队伍，随着农村劳动力转移，这支队伍在继续扩大，他们需要掌握必备的知识，具备相应的资格，不断提高在农产品交易和经纪活动中的能力，维护自己和农民的切身利益，提高农民和农产品纪纪人的收入。

为提高农产品经纪人的劳动素质，发展与完善农产品经纪人队伍，规范农产品流通市场，提高广大农民的收入，中华全国供销合作总社职业技能鉴定指导中心在较短时间内组织编写了农产品经纪人国家职业资格培训教程，以推动农产品经纪人国家职业标准的实施工作。

这本教程的编写难度较大，不仅是因为时间短，更重要的是农产品经纪人职业特点不同于其他职业，农产品品种多，职业涵盖面宽，地域差异性大，该职业本身就已决定它的国家职业标准和教材很难在有限的篇幅中描述全部的农产品。本书充分考虑了这一特点，把重点放在农产品交易能力的提高和销售技能的训练，我认为方向是正确的，希望这次有益的尝试能受到广大读者的欢迎。

2007 年元月

出版说明

本世纪初，中共中央、国务院文件中指出："改革以来日益活跃的农民经纪人队伍和各种形式的民间流通组织，是搞活农产品流通的重要市场中介，是推动农业结构调整的一支主要力量。各地要采取鼓励措施，帮助他们解决实际困难，引导他们自我约束、自我完善，发挥更加积极的作用。"

2007年中共中央、国务院1号文件《关于积极发展现代农业扎实推进社会主义新农村建设若干意见》再次强调"积极发展多元化市场流通主体。加快培育农村经纪人、农产品运销专业户和农村各类流通中介组织"。

在现阶段，加强农产品经纪人队伍建设，不断提高农产品流通领域从业人员的劳动素质，以适应农村经济与社会的发展需要，是实现农业增效，农民增收和农产品竞争力增强的重要途径。

为此，我们在短时间内编写了农产品经纪人国家职业资格培训教程，用于相关机构组织培训、考核和申请参加职业技能鉴定的人员使用。

本书以《农产品经纪人》国家职业标准为依据，力求体现以职业活动为导向，以职业技能为核心的原则，是对职业标准的细化，结构上采用模块形式，按职业等级编写，注重专业知识与技能的结合，突出实用性、通俗性。

本书在编写、出版过程中得到中华全国供销合作总社各级领导和相关部门的支持，中华全国供销合作总社职业技能鉴定指导中心和吴磬同志提供的编写大纲奠定了本书的编写基础。东北农业大学的领导、部分专家，特别是金长城同志带病一起全方位支持了编写工作。此外，还有黑龙江省供销合作社、吉林省供销合作社、宁夏回族自治区供销合作社、广西壮族自治区供销合作社、福建省供销合作社、吉林工程技术师范学院经济技术学院、广西南宁商贸技校、福建经济学校以及中国财政经济出版社的支持与帮助，在此谨表诚挚谢意。

农产品经纪人国家职业资格培训教程，内容广、范围大、专业多，这给编写工作带来一定困难并会存在欠缺和不足，不妥之处恳请指教，便于我们进一步补充和完善。

编　者

2007年元月

目　录

第一章 绪　　论

全面建设小康社会，工作的重点和难点在农村，没有农民的小康就没有全国人民的小康。当前农村的难题较多，其中之一，就是在我国由计划经济体制向社会主义市场经济体制转变过程中，如何把众多分散经营的农户与大市场连接起来。农产品经纪人的涌现就是社会主义市场经济体制建设的客观要求。农产品经纪人队伍的成长，推动了农业市场化的进程，农产品经纪人已经成为推动农村科技、传播农业信息和发展农村贸易的重要中介力量。

第一节　农产品经纪人的职业特点

一、农产品经纪人概念

根据农产品经纪人国家职业标准，从事农产品收购、储运、销售以及销售代理、信息传递，服务等中介活动而获取佣金或利润的人员，定义为农产品经纪人。

农产品经纪人是在买卖双方充当中介促成交易的中间商人，是促进商品交换和流通，促使生产者和消费者“联姻”的“红娘”，经纪人在双方交易中获得其自身利益，我们把这种利益称为佣金和利润。

二、农产品经纪人的职业特点和类别

目前，农村市场经济框架已初步构成，但许多农民对市场经济还比较陌生，计划经济时代，生产什么，生产多少，都由生产队，政府订计划，下指标，而现在完全不同了，生产由农民自主决定，销售由农民直接进入市场，许多农民尚未适应这种生产方式，生产和销售基本上是依靠“道听途说”，致使生产不确定，农产品销售盲目，迫切需要有人“牵线搭桥”，农产品经纪人应运而生。实践证明，农产品经纪人已逐步成为农村新型社会化服务体系的重要组成部分，是农村改革和经济发展中的新生力量。农产品经纪人的队伍近几年有很大的发展，从事经纪人的种类繁多，主要有以下几类：

第一类，销售型经纪人，也可称为农产品供求经纪人。农产品销售是农民的最大难题，这就需要有专门的人来做农产品的收购和促销的“红娘”，实现产、销衔接，解决农产品的买难、卖难的问题。农产品数量大，品种多，如果产品流通不畅，势必造成“生产容易销售难”，结果，农民丰产不丰收，农民辛辛苦苦的劳动将成为泡影。营销经纪人，为农民的产品找“婆家”、“铺路架桥”、“穿针引线”、使农民得到了实惠、看到了希望，对自己的事业也充满了信心与希望。例如：北京市密云县香水峪村农民刘建华，从1991年开始做板栗营销经纪人，把本村和周边村的板栗收过来再卖给遵化、天津、蓟县等地，年收入2万元—5万元。

第二类，科技型经纪人，农业的发展方向是优质、高产、高效，现代化的农业生产与高科技的有力结合，这就需要有一批既懂技术、技能，又会经营的“专门人才”、“市场专家”，利用自己掌握的科技为农民服务，以“科技土专家”的身分帮助农民引进并推广各种农业新品种、新产品、新技术。农民对这类经纪人信得过，因为他们是土生土长，他们之间有天然的联系，对乡情了如指掌，他们懂得农民的需求，用他们的信誉和方式推广新的技术和品种，农民容易接受。这种靠农民指导农民，靠农民带动农民，靠农民帮助农民的科普推广效果非常好，经纪人在为农民服务中获得了收入，农民又增加科技意识、普及了科学知识，推广了科技方法。

第三类，信息型经纪人，21世纪是信息时代，在市场经济条件下，离不开大量迅速、准确的市场信息。农民进入市场以后，急切知道各种市场行情，农业产业结构的调整，农民产业的转移，农村剩余劳动的就业等等，农民对各类农产品的需求信息、劳动力输出的信息、科技信息等等都比较关注。农产品经纪人把掌握的科技、市场行情、种植、养殖、加工及劳力需求等各种信息提供给农民，从中收取一定的信息服务费。农产品经纪人就是本乡本土的人，在他们提供信息时必然有一种责任感，为了自己的生存和发展，他们也不希望欺骗农民，因此，这类信息一般来说可信度较高，快速和准确。农产品经纪人所提供的各种信息，被农民吸收以后，必然使农民少走弯路，迅速发家致富。

第四类，复合型经纪人，在农村市场经济体制不完备的情况下，农产品卖难的问题困扰一部分农民，在困难的情况下，农民开始自寻出路，寻找销售市场和买方对象，有的农民占有大量土地，农产品规模较大，逐渐创立了自己的信息来源，销售渠道较多。本身既是生产者，又同时扮演中间人角色，为别人提供信息和市场、牵线搭桥，除了从生产经营中获利外，也从中间人（经纪人）中获取佣金。此类农民既是生产者，又是信息提供者，也是销售者。

第二节 农产品经纪人社会地位和作用

培育和建设富有生机和活力的农产品市场，是建立和完善社会主义市场经济体制的客观要求，是农业结构调整和实现农业增效、农民增收的重要条件，也是农业应对加入世界贸易组织(WTO)提高农产品国际竞争力，扩展市场份额的关键环节。活跃在农产品体系中的农产品经纪人队伍，是一支适合我国当前农业经营方式和能有效地解决农民农产品营销困难的重要力量，是联结小农户生产与社会化大市场的重要渠道，它对引导广大农民按市场需求去生产和增加农民收入有非常重要的意义。

一、农产品经纪人的涌现是农业市场化的客观要求

大量农产品经纪人的出现是农业市场化阶段的必然现象和客观要求。刚刚进入市场化的农民商品观念薄弱，市场意识差，市场信息闭塞，经营方式落后，商品价值观念落后，结构调整难以适应市场要求，造成产销脱节，农民收入增长缓慢。农产品经纪人是在摆脱传统农业经营体制过程中，在自身利益驱动下逐步走向市场的，成为市场农业的带头人。

随着农村农产品市场体系的逐步建立和形成，农产品经纪人的经管层次也在逐步提高。一是专业化经营，有许多经济发达的农村，农产品经纪人已经走出了小规模贩运和自产自销的原始积累阶段，专业从事农产品购销和农业技术服务，经营品种从哪样赚钱干哪样，转变为专业从事某类农副产品，形成比较稳定的客

户和经营渠道，涌现一批专业从事农副产品中介服务的农产品经纪人；二是一体化综合经营，经营形式由单一的农副产品购销发展到购进、冷藏、加工、运输、销售等“一体化”；为农民提供产前、产中、产后的综合配套服务；从简单的贩运逐步向批量销售、契约销售、期货销售和联合销售转变；三是营销手段现代化，已从肩挑手提发展到信息联络电话、手机电脑，出行摩托车，专用运输工具等。部分经纪人以租赁、合作、联合等方式在大中城市设立联络站、服务站等窗口，组建了销售网络或者投资于综合市场；四是营销区域扩张，随着营销手段的改善，信息量的扩大和经济实力的增强，农产品经纪人的经营范围逐步伸向国内外大市场。

二、农产品经纪人在农业发展中的地位和作用

农产品经纪人已逐步成为农村新型社会化服务体系的重要组成部分，是农村市场经济的主要参与者，是带领农民进入市场的排头兵，是农业产业化发展的重要力量。

（一）农产品经纪人是农户与市场衔接的桥梁和纽带

农产品经纪人的出现，把一家一户的小生产和变幻莫测的大市场对接起来，成为农民进入市场的载体。随着农村社会生产力水平的不断提高，农副产品的商品率越来越高，但千家万户分散经营的小生产势单力薄，生产规模小，供应能力弱，难以适应市场的变化和风险。农产品经纪人适应形势发展的需要，按市场的需求有效地组织生产和销售，不断地把农民生产出来的产品推向市场，实现产销衔接，以最大限度地减少市场风险，保障了农民自身利益，较好的解决了农民一家一户难以克服的问题，如，天津市宝坻区袁罗庄，1997 年由于种植的大葱市场滞销，全乡近

5000万公斤大葱的80%没有销售出去，农民把辛辛苦苦生产出来的大葱到进河塘，1998年出现近100人的农产品经纪人队伍，开始专门销售农民种植的大葱，到1999年，经纪人中出现了20个年销100万公斤的销售大户，全乡85%的大葱是由经纪人销售出去的。2000年大葱又出现滞销，100名经纪人各显其能，积极开拓新市场，销售出3900万公斤大葱，为农民挽回经济损失500多万元，解决了农民卖难问题，为该地区的大葱生产提供了良好的市场环境。滨海县蔡桥镇农民左元建，每年夏秋两季购销粮食500万公斤，不仅解决了当地农民售粮难的问题，而且还连接了上海、无锡等大城市的粮食市场。滨海县陆集川每年生产8000万斤蔬菜，20多位农产品经纪人源源不断地将蔬菜销往江南的各大城市。

农产品经纪人以信息来源的多样性，使其在解决农产品供求矛盾、促进农产品流通、培育农村市场，解决千家万户分散经营和需求大市场的矛盾，增强了农民抵御市场风险的能力，保护农民利益等方面发挥越来越重要的作用。

（二）农产品经纪人推动了区域生产的发展

近年来，农村涌现出来许多专业村、专业户，乃至有许多乡村连成一体的产业带，基本上都得益于农产品经纪人的拉动。农产品经纪人为满足购销，一方面自身不断扩大生产规模，一方面引导和带领邻里乡亲发展生产，邻带邻、户帮户，就是以“滚雪球”的方式逐步形成了区域生产特色和区域生产格局。滨海县蔡桥镇有4户农产品经纪人从事螃蟹贩运营销，他们先在内河养殖，后又发展稻田养殖，在他们的示范带动下，全村一下子掀起了养蟹热潮，不到3年时间，全村养蟹面积达2000亩以上，进而扩大到全镇，建立了万亩以上的螃蟹养殖基地，成为远近闻名的“蟹都”。

哪里有农产品经纪人，哪里就有区域生产的特色，农产品经纪人具有从事某一农副产品的购销特点，他们的活动拉动了一地生产，从而在一个区域内形成了一方特色，推动了地方经济的发展，推动了农业产业化进程。

（三）农产品经纪人传播科技新成果，农民科技水平不断提高

现在农民开展生产，最迫切需要的就是市场信息，新的科技成果，就是到底种什么才能卖出去，才能卖出好价钱，才能得到较好效益。农产品经纪人不仅敢于闯市场，而且勇于接受新事物，善于用外地的最新信息和先进技术来开辟自己的生产领域，把全国各地和国外的新品种、新技术引进来，同时农产品经纪人直接面对市场，对市场信息变化敏感，熟悉市场行情和了解当地市场优势，他们带回的市场信息能更好的与农民情况结合起来，真正实现以市场为导向，引导农民进行种植结构的调整。一些农产品经纪人甚至成为当地农民生产的权威和技术骨干。

天津武清区河西务镇通过农产品经纪人引进“山东大叶”香菜、“日本大叶”菠菜，指导当地农民生产，不仅使生产提高30%，而且蔬菜价格也上升了20%。天津东丽区大毕庄镇农产品经纪人根据市场信息，积极推广“青丰”甘兰生产，形成了规模，每年销售100万公斤以上。静海县王口镇炒货经纪人，带动了全县近10000公斤的葵花籽生产。

滨海县北坍乡安定村农产品经纪人收罗了多方面信息，承包村里60亩荒水面，建立鱼苗繁殖基地。近3年每年收入近10万多元，所产鱼苗供应临近3个县20多个乡的30万亩鱼塘。

现实表明，农产品经纪人以市场为坐标，以科技为先导，以本地产品为资源，推动了农业产业化进程，促进了农业结构调整，发展了地方经济，增加了农民收入。农产品经纪人已经成为千家万户小生产与千变万化大市场衔接的桥梁和纽带。

第三节 加强农产品经纪人队伍建设，提高农产品经纪人整体素质

农产品经纪人的大量涌现是农业市场化初级阶段的客观要求，是农民闯市场的主力和“红娘”。促进农产品经纪人队伍的健康成长，提高农产品经纪人队伍的整体素质，增强农产品经纪人的文化程度，是当前农村经济与社会发展的需要。

一、农产品经纪人队伍成长的特点

（一）农产品经纪人经营层次提高

农产品经纪人不少已经走出了小规模贩运或自产自销的原始阶段，涌现了一批专业从事农副产品中介服务的经纪人。品种经营有哪样赚钱干哪样转变为专业从事某类农副产品，形成了比较稳定的客户商路；经营形式由单一的农副产品购销发展到了购进、冷藏、加工、销售“一体化”，为农民提供产前、产中、产后的综合配套服务，从简单贩运逐步向批量销售、契约销售、期货销售和联合销售转变；营销手段越来越现代化，是从肩挑手提发展到信息联络用手机、摩托车、专用运载工具、传真机、电脑等通讯工具。部分经纪人在大中城市设了销售网点、办事处等；营销区域扩大，随着营销手段的改善，信息量的扩大和经济实力的增强，农产品经纪人的触角逐步伸向了国内外大市场。

（二）农产品经纪人队伍组织化程度提高

国内外农副产品市场竞争的加剧，越来越多的农产品经纪人

认识到：单个、分散小规模经营，不仅生意难做，而且面临严酷的生存竞争，针对这一形势，各地不失时机地引导农产品经纪人，在自愿基础上实行经纪人之间、经纪人与生产者之间，经纪人与社区组织以及龙头企业之间的联合，各种类型的专业生产协会、经纪人协会和股份合作等应运而生。一些地方的农产品经纪人自愿或在供销合作社指导下组织起农产品经纪人协会（商会）。变个体经纪人为合作经纪人、经纪人组织或专业合作社，为会员排忧解难，促进信息交流和相互帮助，提高经营水平和市场占有率，促进本地经济发展。

（三）农产品经纪人队伍需完善和提高的问题

总体而言，农产品经纪人尚处于成长的初期，存在许多问题：

1. 农产品经纪人队伍的整体规模仍然偏小，实力差，竞争弱。

2. 农产品经纪人队伍各地域发展不平衡，南方起步较早，已经形成一定规模，北方起步较晚，到目前为止规模较小。

3. 从业人员素质不高，文化程度偏低、知识贫乏，大多数农产品经纪人不知道或者不懂得依法开展中介业务，利用法律手段保护自己。

4. 个别农产品经纪人在购销活动中存在不文明行为，欺行霸市，强买强卖，谋取不合理的暴利。

5. 经营手段落后，组织化程度偏低。

6. 大多数农产品经纪人利用的是传统的农产品营销方式，市场信息量少，准确度低，运输工具落后。

7. 农产品经纪人与农民的联系，松散型的多，紧密型的少，与农民按照股份合作制形式，形成风险共担、利益共享的经济共同体的则更少。

8. 政府部门的服务不到位，税费管理政出多门，标准不一等等。

9. 身分地位不明确，社会还没有广泛认知其职业资格，大多数农产品经纪人不具备市场主体资格，没有合法身分，处于自发、自主、自然状态。影响其业务功能的扩展，不利于其生存和求发展。

10. 政府部门的支持和扶持不够，对农产品经纪人的政策、资金、信息交流、队伍建设和管理缺少有效政策，影响了市场领域的开发和扩展。

二、加强农产品经纪人队伍建设，提高农产品经纪人整体素质

（一）正名分

中介服务，古已有之，是商品流通中必不可少的组成部分，目前大部分农产品经纪人虽有市场主体之实，却无相符之名，多数没有注册登记，不能取得合法的市场经营手续，没有营业执照，与大的客商很难签订购销合同，人家表示了一种不信任，限制了经纪人发挥应有的作用。农产品经纪人决不等同于个体的商户，它有着其特定的性质，是为农民直接服务的个体服务业主，在市场准入方面应该给予其一定的优惠政策。

应该为农产品经纪人合理定位，从法律上明确他们的性质，地位和身分，积极引导农产品经纪人及其合作组织，成为符合市场机制要求的实体组织和合法身分，以保障他们在市场竞争，市场交易中的合法权益。

（二）提高农产品经纪人整体素质

农产品经纪人都是从农民转化而成的，其本身的文化程度、

知识水平、竞争适应能力、服务观念、政策理解、市场知识、法律法规等素质,都不符合现代市场经济发展的基本要求。举办农产品经纪人培训班,加强市场经济理论、市场营销等方面的培训。

1. 基本知识、专业知识、专门技能的培训、提高思想认识、明确自身定位、补充知识以胜任市场经济发展的要求。

2. 教育他们遵守经营规则，确立信誉第一的经营观念，与广大农民结成共同的利益整体，防止有侵害农民权益、欺行霸市、欺农损农的行为发生。实行公平、公开、公正的经营活动，按照市场规则，公平交易，反对垄断行为，从而形成良好的市场信誉和市场秩序。

3. 增强法制观念，在从事经纪业务时，必须持有合法的证件和授权委托书等证明，采取符合现行财务制度要求的收费手续，订立明确完善的经济合同。工商、农业、法院等部门加强对农产品经纪人的法纪教育，明确了解与农产品经纪人业务相关的各种法律和法则，规范农产品经纪人的经营行为，对注册的经纪人定期进行核查，有违法行为者取消其经纪人资格。

（三）提高农产品经纪人的组织化程度

从农民起家的农产品经纪人大多底子薄，实力弱，处于小打小闹，单打独斗的状态，抵御市场风暴的能力不强。应当因势利导，有效组织联合起来。一是组织各种专业经纪人的合作组织，建立农产品经纪人协会、农产品经纪人合作社，促进农产品经纪人之间的联系，联合，增强市场竞争力。二是在农产品经纪人队伍普遍发展的基础上，大力倡导农产品经纪人与种养专业户组成联合体。

农产品经纪人合作组织坚持五个原则,即:“入社自愿、民主管理、重在服务、共同致富”的基本原则。这种合作组织有以下特点:

1. 互补性　各成员之间在信息、车船、资金、场地、劳力、市场经验、销售渠道等相互合作，充分发挥扬长避短，优势互补的群体作用。

2. 民办性　主要是农产品经纪人之间或农产品经纪人与种养大户之间的以股份合作形式自愿兴办的利益共享，风险共担的联合组织。具有民办，民主管理，实行按股和按劳分配相结合的股份合作性质。

3. 专业性　从事同一生产经营的专业大户和经纪人为了共同的需要结合在一起，一般都是相同类别，相同专业，相同产品的生产和经销，像这样合作组织呈现出一定的专业性的特征。

4. 灵活性　经营的地域不论远近，可跨乡、县、省、市，甚至开拓国际市场，建立灵活的销售网络，经营种类繁多，包括蔬菜、畜禽、粮食、果品、种苗、蚕茧、水产等几十个农副产品，经济领域广阔，由产后销售，扩展到产前提供信息，签定合同等，经管方式多变，从销售到储藏、加工领域等。

江苏省启东市农产品经纪人和种养大户结成100多个农产品购销合作经济联合体，在生产要素上优化组合，实行资本联合，采取资金、技术、劳力、物资、场地入股等方式合股经管形式，生产经营一体化，产权连接，利益和风险共担。

江苏省射阳市，全省年产菜、蟹、鸡、鱼、虾等100多万吨农产品中，有60%是通过农产品经纪人合作社组织购销到国内外市场的。射阳市新彤乡正南活禽贩运合作社，每年与杭州，上海的浦东，苏州等10多个大中城市农贸市场签订供禽合同，年贩运活禽120多万只，占全乡活禽饲养量的70%以上。

农产品经纪人合作组织，架起了联结农民小生产与大市场的桥梁；加快了农业产业化结构调整的步伐；提高了农副产品的经营能力；促进了农业生产要素的合理配置。这是一个新生事物，它必将随着农村市场经济的发展而成长和壮大。

（四）实行扶持政策，营造农产品经纪人良好的发展氛围和环境

1. 鼓励金融部门为农产品经纪人提供信贷支持。农业银行，农村信用合作社等金融部门应为农产品经纪人积极安排贷款，并放宽担保条件，允许农民以存单、房产、土地承包权抵押，农民联户担保获取贷款。

对农产品经纪人推广新技术、新品种等科技含量高、效益好的项目，在银行贷款等方面，同等条件下应予以优先安排，加大财政对农产品经纪人的资金扶持力度。

2. 完善服务，增强对农产品经纪人的支持力度。工商、民政部门对农产品经纪人和其协会的注册登记要简化手续，酌情减免登记和年审收费；公安、交通、农机、航道、港口、通讯等部门要积极创办“绿色通道”，保证农产品货畅其流；要加强市场的设施建设，筑巢引凤，方便各类经纪人的营销活动；完善代储、代运、信息咨询、合同签定、代办证照等一系列服务；强化技术、资金、物资、加工、储运、销售等一系列服务。

3. 减少收费，依法减免税收。要切实减轻农产品经纪人的负担，坚决制止各种向农产品经纪人的乱收费及各种摊派。除法律、法规规定的行政性收费及物价、财政部门批准确立的收费项目外，其他部门、单位一律不得自行制定收费项目增加经纪人的经济负担。

依法减免农产品经纪人的税收，对农产品经纪人直接从事农业机耕、排灌、病虫害、防治、植保、农牧保险以及相关技术培训业务的，暂免征管理税；农产品经纪人为农业产前、产中、产后提供技术服务或劳动取得的收入暂免征所得税；对新办独立核算从事咨询、信息、技术服务业的经营性质的业务，3 年免征所得税；农产品经纪人兴办的经管性企业简单加工销售农副产品，符合税法规定范围的，可以降低增值税率；收购免税农产品可凭税务机关批准使用的收购凭证，降低进项税额；属税法规定的新办第三产业，可在一定期限内减征或免征企业所得税。

（五）强化治安管理，为经纪人保驾护航

强化社会治安管理，打击不法商贩的欺行霸市，搞好“打匪”、“除霸”、“治痞”工作，为农民进入市场保驾护航，使农产品经纪人安心、放心。在市场管理上，尽可能的减少对他们的经管限制，维护他们的合法权益。

第四节　农产品经纪人职业资格与职业标准

一、职业资格证书与职业资格证书制度

（一）从业资格和执业资格

职业资格是对将要从事某职业的劳动者所必备的学识、技术和能力的基本要求。1994年劳动部和人事部实施的国家《职业资格证书》制度，明确了职业资格包括从业资格和执业资格。

从业资格是指从事某一专业的学识、技术和能力的起点标准，也就是基本的标准。

执业资格是指国家对某些责任较大，社会通用性强，关系国家、社会公共利益的专业实行的准入控制，是依法独立开业或从事某一特定专业学识、技术和能力的必备标准。

（二）职业资格证书

职业资格证书就是国家对达到职业资格规定的必备的学识、技能和能力的劳动者发给的证明。要获得职业资格证书必须经过考试、考核。

职业资格分别由国务院、人事、劳动行政部门及其委托的机构，通过学历认定、资格考试、专家评定、职业技能鉴定等方式评价，对合格者授予国家职业资格证书。其中资格考试，一般分为笔试和口试，同时还有多种多样的实际操作考核。职业资格证书是求职任职、独立开业和用人单位录用的主要依据。

（三）职业资格证书制度

我国现行的职业资格证书制度是国家证书制度的主体。职业资格证书制度是国家劳动就业制度的一项重要内容，也是一种特殊形式的国家考试制度。主要内容是按照国家制定的职业技能标准或任职资格条件，通过政府认定的考核鉴定机构，对劳动者的专业知识和技能水平或职业资格进行客观公正，科学规范的评价和鉴定，对合格者授予相应的国家职业资格证书。

（四）学历证书和职业资格证书的关系

学历证书是一个人接受教育的年限，所具有的文化程度或者学业程度的证明，由教育部颁发。职业资格的合格证书是反映劳动者专业知识和职业技能水平的证明，是劳动者通过职业技能鉴定进入就业岗位的凭证。是由国家劳动和社会保障部授权的职业资格认证机构颁发的。

不同职业对学历有不同要求，我国是实行九年制义务教育的，因此，获得职业资格的起点学历应该是初中毕业。学历并不等于能力，有些人学历不高但能力却很高，最典型的要属微软公司的总裁，世界首富比尔·盖茨。有些人虽然学历不高，但靠自学达到某一层次的同等学历，一样可能成才。另一方面，学历也是一个人的文化程度、学习能力、知识水平的证明，较高的学历更有利于其综合能力的培养、提高，有利于职业能力的培养和提高，所以学历证书和职业资格证书是相互包含的。我国改革开放以来，坚持全面提高劳动者素质，正在逐步推广和实行学历证书和职业资格证书“双证”制度，这就要求我们在校学习期间既要努力学习科学文化知识，取得学历证书，又要刻苦钻研专业技能和相关职业能力，取得相关职业资格证书，这样有利于适应多种专业岗位的需求，为就业广开门路。

二、职业资格证书对劳动者的作用

（一）职业资格证书是就业的“入场券”

在现代社会，劳动力市场，求职的首要条件是必须拥有职业资格证书，各种职业都有其资格标准，如果达不到标准，就不具备这一职业能力，就不能胜任这一工作，用人单位也就不会录用你。如果你拥有职业资格证书，那就注明你对某一岗位的职业、职业要求、职业知识、职业技能已经掌握，职业资格证书，就是求职的“入场券”。

（二）职业资格证书是择业的“通行证”

在求职过程中，资格证书越多，选择职业的范围也就越广，择业的优势也就越大。例如一个会计专业毕业的学生，如果有外语水平等级证书，就可能到外资企业竞争，如果还有文秘证书、计算机证书，那么就可能选择适合自己发展的最好岗位，所以，“多证在手，择业少愁。”

（三）职业资格证书是转业的“桥梁”

目前社会发展变化迅速，市场竞争激烈，年轻人对事业有更高的追求，所以就业不是一劳永逸的。由于主客观原因，需要面临的几次择业，那么拥有多种职业资格证书，有利于提高你就业后的职业转换能力，是你“跳槽”、转业的桥梁。

三、农产品经纪人国家职业标准的相关要求

(一) 职业等级及职业能力要求

1. 职业等级：

本职业共设三个等级，分别为：初级（国家职业资格五级），中级（国家职业资格四级），高级（国家职业资格三级）。

2. 职业能力要求：

具有一定的判断、推理、计算、语言表达能力，色、嗅、味、触感官灵敏，空间感、形体感强。

(二) 职业等级标准要求

——初级（具备以下条件之一者）：

(1) 经本职业初级正规培训达到规定标准学时数，并取得毕(结) 业证书。

(2) 在本职业连续工作 2 年以上。

——中级（具备以下条件之一者）：

(1) 取得本职业初级职业资格证书后，连续从事本职业 2 年以上，经本职业中级正规培训达到规定标准学时数，并取得毕(结) 业证书。

(2) 取得本职业初级职业资格证书后，连续从事本职业工作 4 年以上。

(3) 取得经劳动保障行政部门审核认定的，以中级技能为培养目标的职业学校本职业（相关专业）毕业证书，从事本职业工作 1 年以上。

——高级（具备以下条件之一者）：

(1) 取得本职业中级职业资格证书后，连续从事本职业 3 年以上，经本职业高级正规培训达到规定标准学时数，并取得毕

(结) 业证书。

(2) 取得本职业中级职业资格证书后，连续从事本职业工作6年以上。

(3) 取得本职业中级职业资格证书的大专以上毕业生，并连续从事本职业工作2年以上。

(4) 取得高级技工学校或经劳动保障行政部门审核认定的，以高级技能为培养目标的职业学校本职业（相关专业）毕业证书，从事本职业工作1年以上。

(三) 职业培训内容

农产品经纪人大都是从农民转化而来，其自身的文化程度、知识水平、适应能力、市场知识、法律观念等素质，还不符合市场经济发展的客观要求。为此，必须加强对农民经纪人基础知识的培训，提高农民经纪人的整体素质，以适应农村经济与社会发展的需要。

1. 基础知识：

含职业道德规范、农产品市场营销、农产品商品分类、法律与法规、安全生产、世界贸易组织与我国农业发展等。

2. 技能知识：

初级经纪人技能知识——市场信息采集与分析、建立客户与谈判定约、农产品鉴别及等级评定、农产品储运、核算与结算等。

中级经纪人技能知识——市场信息采集与分析、建立客户与谈判定约、农产品鉴别及等级评定、农产品储运、财务会计等。

高级经纪人技能知识——市场信息采集与分析、建立客户与谈判定约、农产品鉴别及等级评定、农产品储运、财务会计、经济地理、信息技术应用等。

第二章　职业道德规范

职业道德是人们在职业实践中形成的行为规范，它存在于各种职业活动中，对规范和调整各行各业的从业人员的职业行为具有重要的作用。随着现代社会分工的发展和专业程度的增强，市场竞争日趋激烈，整个社会对从业人员职业道德的要求越来越高。农产品经纪人的职业道德建设，要以中共中央、国务院公布的《公民道德建设实施纲要》为依据，明确职业道德的特点和作用，明确社会主义职业道德的内容，明确农产品经纪人的职业道德规范。进而提高农产品经纪人职业道德修养。

第一节　职业及其职业道德的特征

一、职业的含义

所谓职业（亦称行业），即为了满足社会现实的发展需要，人们所承担的具有一定社会职责的专门业务。

这里，所谓“职”即职责、责任；“业”即业务、事业，是具有独特属性的具体工作。“职业”就社会而言，它是以社会分工和劳动分红为纽带的组织形式，承担着一定社会分工体系所赋予的特殊工作及相应的社会责任。“职业”就个人而言，是他所从事的被规定的业务及必须履行的职责。

由上可见，职业是一定社会生产、服务的目的与手段的统一。

二、职业道德的含义

所谓职业道德，就是同人们的职业活动紧密联系的，体现职业特征的道德活动现象，道德意识现象和道德规范现象，是社会道德在职业生活中的具体体现。是在职业生活中处理和协调人与人、个人与社会、人与自然的关系的道德准则。

职业道德含义由三部分组成，即职业道德活动、职业道德意识和职业道德规范。职业道德活动是指从业者在职业活动中进行的，可以用善恶观念评价的群体活动和个体活动。职业道德意识是指在职业道德活动中形成的并影响职业道德活动的各种具有善恶评价的思想观念和理论体系。职业道德规范是指评价和指导人们职业活动行为的准则、要求和善恶标准。这三个方面既相互区别又相互联系，职业道德行为与活动是在一定职业道德意识指导下产生的，而职业道德意识的产生正是人们通过一定的职业道德活动而形成的，职业道德规范则是职业道德活动和职业道德意识的统一。在这里我们主要学习讨论的是职业道德规范。

三、社会主义职业道德的基本原则

在社会主义市场经济条件下，各行各业，每个从业者个人，都成为相对独立的经济实体，为了保障全社会共同利益的实现，既要保护团体、个人合法利益，又需要倡导“为人民服务，对社会尽责”的集体主义原则，其原因如下：

(一)“为人民服务，对社会尽责”客观反映了社会主义职业活动中的道德关系的本质

在社会主义条件下，人与人之间的关系是平等合作的关系。人们的根本利益和共同利益是一致的，只是社会分工不同。人人都是他人的服务主体，同时又是他人服务的客体，即“我为人人，人人为我”。因此，“为人民服务，对社会尽责”是每个从业者的基本出发点和最终目的，是社会主义社会正常运转和社会主义各种职业活动正常进行的基础，也是每个从业者生存和发展的基础。

(二)“为人民服务，对社会尽责”集中体现了集体主义原则的基本思想

任何一个从业者职业活动的正常进行与自己的利益得到保障，都离不开整个国家（社会)，集体和个人关系的和谐与统一，如果个人为了私利损害集体和国家的利益，企业为了小团体利益损害社会和国家的利益，影响了它们的正常运转，那么从长远看，个人和小集体的利益得不到保障；相反，如果个人和企业都能坚持“为人民服务，对社会尽责”，既为服务对象提供优质产品和服务，又为社会生活正常进行履行职责，必然赢得服务对象的信任和社会的支持，从而使企业和个人得到发展，企业的集体利益和职工的个人利益也会在更大程度上得到实现。

(三)“为人民服务，对社会尽责”是社会主义职业道德规范的核心内容，像一根红线，贯穿于整个社会主义职业道德的具体规范之中

各行各业都有自己的具体职业道德，体现自己职业的特殊要求，但“为人民服务，对社会尽责”是其共同的基本要求，其他规范要求都是这一基本要求在各种职业活动中的具体表现。

（四）“为人民服务，对社会尽责”体现了广泛性和先进性的结合

目前，我国正处在社会主义初级阶段，人们的思想认识是存在差异的，表现在职业道德行为上也就有层次差别。“为人民服务，对社会尽责”可以具体表现为在职业活动中遵纪守法，诚实劳动，为工作对象提供服务，这是第一层次的，也是基本的；可以具体表现为先公后私，自觉以国家、社会、集体利益为先，忠于职守，勤奋工作，提供优质服务，这是第二层次的；可以具体表现为人民利益高于一切，忘我工作，无私奉献，这是集体主义的最高层次，是共产党员和先进分子力求达到的境界。集体主义的这三个层次体现了鼓励先进，照顾多数，引导不同层次的人们一起努力遵守职业道德规范。

第二节 农产品经纪人职业道德规范

社会主义社会的各种职业都有其相应的职业行为和准则，《公民道德建设实施纲要》所规定的“爱岗敬业，诚实守信，办事公道，服务群众，奉献社会。”的行为规范，是全社会以自相同的或共同的行为规范和准则。我们把各行各业共同的行为规范和行为准则，称之为社会主义职业道德规范，农产品经纪人的职业道德规范和行为准则五大条款、十句话、四十个字，即（1）爱岗敬业，诚实守信；（2）遵纪守法，办事公道；（3）精通业务，讲求效益；（4）服务群众，奉献社会；（5）规范操作，保障安全。

一、爱岗敬业，诚实守信

（一）爱岗敬业

爱岗敬业是职业道德的基础和核心，是社会主义职业道德所倡导的首要规范，是对从业人员工作态度的一种普遍要求。爱岗是敬业的前提，而要真正爱岗又必须敬业。爱岗和敬业，二者相互联系、相互促进。

爱岗敬业是职业道德对从业人员的基本要求：

1. 爱岗是职业工作者做好本职的基础

爱岗就是热爱自己本职工作，是指从业人员能以正确的态度对待自己所从事的职业活动，对自己的工作认识明确、感情真挚。在实际工作过程中，能最大限度地发挥自己的聪明才智，表现出热情积极、勇于探索的创造精神。

爱岗，是职业工作者做好本职工作诸多因素中必不可少的重要前提条件。职业工作者的任何职业才能都不是天生的，都是后天通过努力而得到的。热爱则是最好的老师。一个人只有真正热爱自己所从事的职业，才能主动、勤奋、自觉地学习本职工作，以及与本职工作相关的各种知识和技能，探索、掌握做好本职工作的规律和方法，才能花气力去培养锻炼从事本职工作的本领，切实把本职工作做好。

热爱自己本职工作的人，在追求职业目标的过程中，当遇到挫折或失败，定会以对事业炽热追求的精神去克服困难、战胜险阻、摆脱困境。同时，也会在艰难困苦的斗争中，逐步练就坚强的职业道德意志和品格，成为一个具有高尚职业道德品质的职业工作者，进而会对社会作出更大贡献。

2. 敬业是职业工作者做好本职工作的必要条件

敬业是指从业人员在特定的社会形态中，认真履行所从事的社会事务，尽职尽责、一丝不苟的行为，以及在职业生活中表现出来的兢兢业业、埋头苦干、任劳任怨的强烈事业心和忘我精神。

敬业是职业工作者对社会和他人履行职业义务的道德责任的自觉行为和基本要求。在社会生活以及任何一种职业活动中，无论是谁，都必然与他人、与社会发生并保持着各种联系。由于这些联系，便形成了种种特定关系，又由于这种种特定关系产生出诸多义务。凡与自己本职工作有关的义务就是职业义务。为保持并发展已形成的或将要建立的一系列联系、关系，就必须自觉地担负起对社会、对他人负有的使命、职责和任务。也就是说，必须自觉地履行应尽的职业道德责任。而敬业恰恰是职业道德责任的基本要求和具体体现。

敬业，要求职业工作者在热爱自己本职工作基础上，无论处在什么样的工作环境中，都能保持乐观向上的心理状态，以饱满、激昂的斗志，善始善终地完成所承担的任务。

敬业，需要每一个职业工作者在从事职业劳动的过程中，不计较个人利害得失，苦干、实干。呕心沥血，殚精竭虑，锲而不舍。在艰难困苦面前不低头、不退缩，勇往直前，甚至献出自己的生命。忘我献身精神，是在职业生活中履行忠于职守的职业道德规范最为难能可贵的。

总之，爱岗敬业是职业道德中最基本、最主要的道德规范，二者是互为前提、辩证统一的。没有从业人员对自己所从事的工作的热爱，就不可能自觉做到忠于职守。但是，只有对工作的热爱之情，没有勤奋踏实的忠于职守的实际工作行动，就不可能做出任何成绩来，热爱本职也就成为一句空话。作为职业工作者，必须把对本职工作的热爱之情体现在忘我的劳动创造及为取得劳动成果而进行的努力奋斗过程中。要用对本职工作全身心的爱，去推动自己在职业活动中作出优异成绩。

（二）诚实守信

诚实守信，是做人的根本，是中华民族的传统美德，也是优良的职业作风。诚实守信是职业活动中调节从业人员与工作对象之间关系的重要行为准则，也是社会主义职业道德的基本规范。

1. 诚实守信是从业人员职业道德的基础

诚实，就是忠实于事物的本来面貌，不歪曲篡改事实，不隐瞒自己的真实思想，不掩饰自己的真实情感，不说谎，不作假，不为不可告人的目的而欺骗他人。

守信，就是讲信用，讲信誉，信守诺言，忠实于自己承担的义务，答应了别人的事一定要去做。其中“信”字也就是诚实无欺的意思。讲信誉、重信用，忠诚地履行自己承担的义务，诚实守信是职业道德的根本，是从业人员不可缺少的道德品质。作为从业人员必须诚实劳动，遵守契约，言而有信。只有如此，才能在市场经济的大潮中立于不败之地。否则，就不可能生存和发展。

只有诚实守信，才能办事公道。办事公道要求从业者遵守本职工作的行为准则，做到公正、公开、公平。不以权谋私，不以私害公，不出卖原则。而做到这些要求，就必须诚实守信。否则，就会凡事采取表面应付的态度，能欺则欺，能骗则骗，根本就不可能真正做到办事公道。

只有诚实守信，才能服务群众。服务群众要求从业者尊重群众，方便群众，全心全意地为群众服务，为群众办好事、办实事。要做到这些，没有诚实守信的品质是不行的。如果花言巧语对群众说一套，干的是另一套。当面一套，背后又是另一套，就会失信于群众。

只有诚实守信，才能奉献社会、奉献社会要求从业者全心全意地为人民服务，不图名，不图利，以为人民谋福利、为社会作贡献为快乐。而做到这些的关键，也是要有诚实守信的道德品质。否则，就会表面上说是为人民服务实际上是“为人民币服务”表面上说不图名，不图利，实际上是沽名钓誉；表面上说是为人民谋福利、为社会作贡献，实际上是为一己之私利。

2. 诚实守信是发展市场经济的需要

诚实守信表现在职业道德行为中的首要一点就是诚实劳动。诚实劳动是从业人获得报酬的先决条件。社会主义社会实行“各尽所能，按劳取酬”的消费资料分配制度。每一个从业人员，只要为社会多工作、多创造物质或精神财富，进行了卓有成效的劳动付出，社会所给予的回报也就多，这就是“多劳多得”。倘若付出的有效劳动少，工作出力少，那么社会所给予的收入回报也就少，这就是“少劳少得”。如果是游手好闲、好吃懒做没有有益的劳动付出，只想做“官”，不做事，只占位置徒有其职，在其位而不谋其政，那么社会就无法给他收入回报，这就是“不劳不得”。提倡诚实劳动这一职业道德，是与社会主义的“按劳分配”原则相一致的。诚实劳动还体现在商品交易、金融贸易、产品服务等经济活动中。在这些经济活动中，职业道德要求严格履行经济合同，不做假账，不偷税漏税，不偷工减料，不以假充真，不以次充好。

古人云：“君子爱财，取之有道。”市场经济虽然为我们提供了发财致富的条件，但这财富必须是通过诚实劳动获得的，而决不能发不义之财。只有这样，市场经济才能健康持续地发展。否则，就会扰乱正常的经济秩序，给社会带来极大的危害。在职业道德行为中，不仅要诚实劳动，还要讲信用，讲信誉，信守诺言，忠实于自己承担的义务，答应了别人的事一定要去做，诚实无欺。讲信誉、重信用，忠诚地履行自己承担的义务是每个从业人员应有的职业品质。

讲求信誉既是做人的准则，也是职业道德的起码要求。信誉，既有个人的信誉，如从业人员在具体劳动中的诚实行为；也有集体的信誉，如依靠高素质队伍在本行业、本部门所逐渐形成的极好的企业形象；还有国家的信誉，如政府公务人员所代表的公共需要、公共权力就是在树立国家信誉。一个从业人员在具体职业活动中的良好表现，既是维护个人的信誉，也是维护集体的信誉，更是维护国家的信誉。所以，信誉是各行业立足之根本是社会主义职业道德的内在要求。信誉是一个企事业单位的生命，谁的信誉高，谁就能在激烈的市场竞争中立于不败之地。一个企业单位，如果不履行合同，不重视产品质量，不注重为社会服务，只是一味地追求利润，那么用不了多久，信誉就会扫地，企业就会破产。讲求信誉要做到秉公办事，在工作中要严格遵守国家的法律、法规和本职工作的条例、纪律，坚持原则，不以权谋私；讲求信誉，要求每个职业劳动者都能够做到实事求是、信守诺言，对工作精益求精，注重产品质量和服务质量，对那些弄虚作假，坑害他人的行为进行坚决的斗争。

二、遵纪守法，办事公道

（一）遵纪守法

坚持改革、发展和稳定的方针，自觉遵守宪法和法律，维护社会稳定，是每一个公民的基本任务，也是农产品经纪人必须遵守的准则。

农产品经纪人所从事的职业有其特殊的行业特点，在进行收购、储运、销售以及代理、信息传递、服务中介的活动中，涉及到许多法律和法则，例如：合同法，消费者权益保护法、产品质量法、计量法、税收管理法、野生动物保护法、食品卫生法、动植物检疫法、以及道路运输管理条例等等。农产品经纪人在职业活动中要分清什么是合法行为、什么是违法行为，什么是法律允许做的，什么是法律禁止的，提高法律意识，增强法制观念，依法办事，依法律己，真正做到学法、知法。

农产品经纪人也要善于运用法律武器保护自身的合法权益。有的人由于不懂法律，当自己的合法权益受到非法侵害时，不能运用法律武器去维护自己的合法权益，而是“私了”，或者采用违法犯罪的手段去维护自身的权益。例如，有一农产品经纪人储存在仓库中的木耳被人盗走了，有人提供线索，知道了盗木耳的是同村一农民，但他没有向公安机关报案，而是找了几个朋友，到那个农民家索要、发生争执，他的几个朋友把那个农民打伤致残，结果自己反倒犯了故意伤害罪。还有的人，在农产品运输过程中，被各种原因损害，不但不报案，而是采取“私了”的办法，结果实践证明，不但自己的合法权益未得到合法维护，反而使自己的损失更大。学法、知法就是要知道法律是如何规定的，当你的农产品、你的储运行为，你的收购与销售行为等受到非法侵害时，就可以根据法律的有关规定，到法院去告状，请求法院维护你的合法权益，而不再去用非法手段解决有关问题和“私了”。

农产品经纪人也要学会运用法律武器同违法犯罪的行为作斗争。目前我国的社会治安状况虽然有所好转，但各种刑事犯罪屡有发生。农产品经纪人在从业过程中，经常遇到抢劫、杀人、爆炸、贩毒、投毒、盗窃等犯罪活动，使农产品经纪人的生命财产、人民群众的生命财产、国家和集体的财产遭受到巨大损失，要实现社会治安状况的根本好转，保障社会主义现代化建设和改革开放的顺利进行，仅仅依靠政法机关的专门工作是远远不够的，必须紧紧依靠人民群众的力量，维护国家和人民的利益，保障社会主义现代化建设和改革开放的顺利进行。

（二）办事公道

各行各业的劳动者在处理各种职业关系，从事各种活动的过程中，要做到公平、公正、公开，不损公肥私，这是职业道德的基本准则。做公正的人，办公道的事，历来是从业人员所追求的重要道德目标。

1. 办事公道是职业道德的基本准则

办事公道是指我们在办事情、处理问题时，要站在公正的立场上，对当事双方公平合理、不偏不倚，不论对谁都是按同一标准办事。人们所说的秉公执法、公正无私、出于公心、一视同仁等所指的就是办事公道。

在日常生活中，办事公道是树立个人的威信和调动群众积极性的前提。在社会主义市场经济条件下，每一个市场主体不仅在法律上是平等的，而且在人的尊严与社会权益上是平等的。人与人之间只有能力和社会分工不同，没有高低贵贱之分，大家应当相互尊重，平等互惠，对于从业人员来说，对待服务对象，不论职位高低，不论民族阶层，都要一视同仁，热情服务。

2. 从业人员怎样做到办事公道

(1) 遵纪守法，坚持原则

遵纪守法，坚持原则是指从业人员都无一例外地按照国家法纪、法规和职业纪律、规章行使职业权利，履行职业义务。简而言之，就是遵循国家法律，严守职业纪律。

遵纪守法，坚持原则，是一切从业人员必须具备的最起码的道德品质。它是衡量职业劳动者思想道德水平的尺度。职业劳动者要知法、懂法、遵纪守法。在职业活动中要严格依法办事、按纪处事，要牢固树立法律意识和职业规范意识，不能置法律、纪律不顾而为所欲为。

遵纪守法，坚持原则，就是要坚决反对那种职业生活中出现的渎职行为。有的从业人员私欲膨胀，贪污受贿、弄虚作假、铺张浪费；有的搞行业不正之风，缺乏敬业精神和服务意识，故意刁难服务对象；有的玩忽职守，视工作为儿戏，严重损害社会、他人利益；有的不守法规，不讲质量，粗制滥造，少干多捞、制假贩假，坑蒙拐骗，有的慷国家和集体之慨而中饱私囊，不以为耻，反以为荣；有的知法犯法，贪赃枉法，营私舞弊，大搞权钱交易，人情交易。所有这些令人深恶痛绝的丑恶现象，都是与遵纪守法的职业道德规范格格不入的。职业劳动者应率先垂范，首当其冲，带头做到遵纪守法，勇敢地同各种腐朽行为作斗争，以实际行动来净化我们的社会风气。

(2) 照章办事，平等待人

照章办事，平等待人，是一切从业人员必须具备的最起码的道德品质。它是衡量从业人员职业道德水平的重要标准。从业人员的职业道德水平如何，一个重要方面就是看他能否严格按照规章制度办事。各行各业的规章制度一般是公开的、明确的、具体的，社会公众可以据此监督、评判从业人员的职业行为。因此，职业规章又可看作是联系从业人员与服务对象的纽带。从业人员必须对自己的服务对象一视同仁、公平对待，不论职位高低，关系亲疏，一律以同志态度，热情服务，一律按党的方针政策办事，按规章制度办事。杜绝办事不公，拉关系，走后门的现象。这既是职业纪律的要求，也是对服务对象最起码的尊重。

总之，办事公道是一种比较高的人格修养。要想做到办事公道，平时要有意识地培养自己热爱真理、追求人格正直的品格，注意提高辨别是非的能力。处处以国家、人民利益、社会主义事业的利益为最高原则，指导我们的行动，维护公道。

三、精通业务，讲求效益

精通业务，讲求效益，这是辩证统一的两个方面，只有精通业务，才能取得较好的经济效益，效益是精通业务的成果，只有精通业务，懂得管理，懂得节约，才能取得较好的效益。

农产品经纪人是从事农产品收购、储运以及代理、信息传递、服务等中介活动的人员。农产品经纪人的业务范畴非常广泛，涉及农村市场、农副产品、财务会计、经营管理、经济地理、法律法则、安全卫生、信息技术、公关艺术以及世界贸易组织与我国农业的发展等知识和业务。

（一）销售经纪人业务特点

作为销售经纪人，也称为农产品供求经纪人。在业务素质上必须掌握农村的商品市场状况，了解主要农副产品的主要出产地、集散地。例如，黑龙江是盛产黑木耳的地方、是木耳的集散大市场，在黑龙江省东宁县绥阳镇，黑龙江省的优质木耳都在这里集中。在绥阳大市场买卖到全国各地。了解农副产品商品市场、才能做好商品销售。

作为销售经纪人，要掌握农副产品基本知识。农产品包括粮食、水果、蔬菜、花卉、畜禽产品、林产品、水产品以及一系列加工产品。随着现代农业的发展，农业标准化作为组织现代农业生产和流通的有效手段日益凸显。农产品经纪人只有了解农产品的基础知识，掌握粮食、水果、蔬菜、花卉、畜禽产品和水产品、林产品等产品的品级鉴别，才能够比较准确的鉴别主要农产品的品种、规格、质量、标准和等级，在农产品的收购、储运、信息传递、中介服务等活动中取得最佳的效益。

作为销售经纪人，要掌握基本的财务会计知识。会计是一种以货币作为主要的计量单位，对经济活动进行连续、系统、综合、全面的核算和监督的经济管理活动。农产品经纪人在计算产品价格、买卖农产品的核算、计算储运的费用是否合理、核算等各项经济活动中，要掌握简单的会计科目、账户、记账方法、核算和结算等知识和方法，以取得较好的经济效益。

作为销售经纪人，要懂得经营管理知识。管理是进行计划、组织、指挥、协调等系列活动，农产品经纪人只有懂得以及会运用、发挥管理能力，才能节约人力、资金及其经济活动，获得更大效益。

作为销售经纪人，要懂得相关法律、法规等知识。任何一项经济活动都必须遵纪守法。农产品经纪人要学习、了解、掌握与农产品经营有关的法律法规，提高自身的法律素质和法律观念。使其经济活动按照法律、法规的要求来进行，不致于违法乱纪，受到法律制裁，同时掌握一定的法律知识，用法律的武器维护自身的合法权益，不至于使自己在经济上、人身上遭受重大损失。

作为销售经纪人，要了解世界贸易组织知识，要知道国际市场形势。中国加入世界贸易组织后，我国农业将逐步和国际接轨。这既给我国农业带来发展机遇，也给我国农业带来了新的挑战，农产品经纪人是在中国加入世界贸易组织的引导下从事农产品业务，农产品经纪人的业务必然受到世界贸易组织的影响和限制，特别是有的农产品经纪人从事国际商务活动、更需要了解世界贸易组织的组织原则和职能，我国“入关”对农业做出的承诺，“入关”对我国农业的积极影响和消极影响，有关“入关”后我国对农业要采取的政策等等，只有了解国际市场规则，才能做好国际农产品贸易，才能有所收益。

（二）科技型经纪人业务特点

农业发展的方向是优质、高产、高效，现代化的农业生产与高科技有力结合，这就需要有一批既懂技术、技能，又会经营的“专门人才”、“市场专家”、“销售能人”等等，利用自己掌握的科技知识为农民服务，以科技能人的身份帮助农民引进并推广各种农业新产品、新品种、新技术。农产品经纪人土生土长，农民对他们信得过，他们与农民之间具有天然的联系，对乡情了如指掌，他们懂得农民的需求。用他们的方式和信誉推广新的技术和品种，农民容易接受。农产品经纪人学习科学技术，运用科学技术，服务于农民，并在服务农民中获得了收入，同时也普及了科学技能，推广了科技方法。

（三）信息经纪人的业务特点

21世纪是信息时代，在市场经济条件下，离不开大量迅速、准确的市场信息。农民进入市场以后，急切了解各种市场行情，农业产业结构调整，农民产业转移，农村剩余劳动力的就业等等。农产品经纪人要学会掌握农业新科技、市场行情、种植、养殖信息和技术。农民需要这些信息，需要各类农产品的需求信息，需要劳动力输出的信息，需要各种新品种、新技术信息。农产品经纪人在提供各种信息服务中提取信息服务费，同时农产品经纪人是本乡本土人，他们提供的信息必然有一种责任感，为了生存和发展，农产品经纪人必须掌握各种信息、熟悉各种信息、提高为农民服务的质量和准确性，使农民发家致富的同时，农产品经纪人本身也获得极大的收益。

四、服务群众，奉献社会

（一）服务群众

服务群众是为人民服务的道德要求在职业道德中的具体体现，是从业人员必须遵守的职业道德规范。

1. 服务群众是职业行为的本质，服务群众就是为人民群众服务

服务群众是每个职业劳动者职业道德的基本规范。服务群众揭示了职业与人民群众的关系，指出了职业劳动者的主要服务对象是人民群众。服务群众的具体要求就是每个职业劳动者心里应当时时刻刻为群众着想，急群众之所急，忧群众之所忧，乐群众之所乐。一句话：就是要全心全意为人民群众服务。

一个普通职业劳动者，作为群众的一员，既是别人服务的对象，又是为别人服务的主体。在社会主义社会，每个人都有权利享受他人的职业服务，每个人也承担着为他人做出职业服务的职责。

一切依靠人民群众，一切服务于人民群众，是我们党的一贯宗旨，是党的群众路线在社会主义职业道德中的具体体现。在现实生活中，在生产、科研、产品分配、交换、消费过程中，人们逐渐意识到：如果有谁不尽心尽力、尽职尽责地对待自己所从事的工作，不尽最大努力为社会、为他人服务，就不能很好地发挥本职业岗位所具有的社会功能。国家、集体，以及个人的实际利益就会受到损害和损失。

一切依靠人民群众，一切服务于人民群众，是我们党的一贯宗旨，是党的群众路线在社会主义职业道德中的具体体现。在现实生活中，在生产、科研、产品分配、交换、消费过程中，人们逐渐意识到：如果有谁不尽心尽力、尽职尽责地对待自己所从事的工作，不尽最大努力为社会、为他人服务，就不能很好地发挥本职业岗位所具有的社会功能。国家、集体以及个人的实际利益就会受到损害和损失。

2. 从业人员如何做到服务群众

（1）树立全心全意为人民服务的思想

毛泽东同志曾经指出：“全心全意为人民服务，一刻也不能脱离群众；一切从人民的利益出发；而不是从个人和小集团的利益出发；向人民负责和向党的领导机关负责的一致性；这些就是我们的出发点。”这段话非常深刻地阐述了我们党的根本立场和行动准则。江泽民同志在党的十五大报告中也明确指出：加强党的作风建设，最根本的是坚持全心全意为人民服务的宗旨，充分发挥党密切联系群众的优势。他说，我们党来自于人民，植根于人民，服务于人民，建设有中国特色社会主义全部工作的出发点和落脚点，就是全心全意为人民谋利益。共产党员要倾听群众呼声，关心群众疾苦，为群众办实事、办好事。

因此，每位从业人员都要树立全心全意为人民服务的思想，树立“人人为我，我为人人”的从业观念，热爱本职工作，甘当群众的服务员。

(2) 要勇于向人民负责

市场经济是一种责任经济。随着市场经济的发育和完善，它要求人们树立服务群众的责任意识。这种“服务群众”的责任意识更多地是对人民群众利益的关注，是对社会应负的责任，是对人民应负的责任。由于社会主义市场经济以开发并满足人们需要为着眼点，在处理人与人、人与社会利益关系上，形成了一种“利人者也利己，损人者必自损”的经济理念。市场经济主体的自我利益与社会利益是统一的，对自我负责与对社会负责是一致的。但是，由于人们的认识受到利益相关度的影响和制约，人们对自身利益的责任感往往要强于对社会利益的道德责任感。在这种情况下，广大从业人员必须正确认识社会利益，勇于向社会负责，向人民负责。毛泽东同志曾经指出：“我们的责任，是向人民负责。每句话，每个行动，每项政策，都要适合人民的利益，如果有了错误，就要改正，这就叫向人民负责。”

一切向人民负责，是广大从业人员，特别是领导干部必须具备的职业义务和道德，也是其服务性的根本体现。从业人员做人民的公仆，不能只停留在口头上，而要实实在在落实到为人民服务的行动上。

（二）奉献社会

奉献社会，是社会主义职业道德的最高要求。它要求从事各种职业的个人，努力多为社会作贡献，为社会整体长远的利益，不惜牺牲个人的利益。因此，它是一种高尚的社会主义道德规范和要求。

1. 奉献社会就是全心全意为人民服务

奉献社会实际上就是全心全意为人民服务，为社会服务，为他人服务，一心为社会作贡献，丝毫不考虑个人恩怨与得失。一切从有益于他人，有益于社会公众，有益于民族与国家出发，只要对人民的利益有好处，就是再苦再累也心甘情愿，必要的时候甚至献出宝贵的生命。

奉献社会是一种人生境界，它表现为助人、无私、奉献和牺牲精神，是一种融在一件一件具体事情中的高尚人格。其突出特征包括：一是自觉自愿地为他人、为社会贡献力量，完全为了增进公共福利而积极劳动；二是有热心为社会服务的责任感，充分发挥主动性、创造性，竭尽全力；三是不计报酬，完全出于自觉精神和奉献意识。在社会主义道德建设中，我们要大力提倡和发扬奉献社会的职业道德。

2. 奉献社会是职业道德中的最高境界

爱岗敬业、诚实守信、办事公道、服务群众、奉献社会，这是社会主义职业道德的基本规范。奉献社会则是这五项要求的最高道德境界，也是做人的最高境界，是集体主义思想在人生观、价值观、伦理观上的升华，是一个超越市场经济，为整个社会生活服务的最高道德层面。一个能够奉献社会的人，同时也是一个高尚的人，有道德的人。

3. 要大力提倡奉献社会的精神

大公无私，奉献社会，应是我们每一位职业劳动者的天职。然而，近些年来，这种奉献社会的精神却日趋淡薄。翻开报纸杂志，以权谋私、权钱交易等丑恶现象屡见不鲜。因此，我们加强职业道德建设，必须大力倡导奉献社会的精神，只有这样，党和国家、人民群众的利益才不会受到损害，国家才能安定团结，社会才能发展进步。

奉献社会，是崇高的道德情操，是我国的传统美德。为社会，有人奉献生命，“人生自古谁无死，留取丹心照汗青”；有人奉献精力，“鞠躬尽瘁，死而后已”；有人奉献财富，“甘作春蚕吐尽丝”。然而，奉献社会不只是一句口头禅，它应该落实在行动上。当别人有困难的时候，我们能伸出援助之手，有钱的出钱，有力的出力，帮困难者渡过难关；当祖国和人民需要我们的时候，我们能挺身而出，不怕为祖国，为人民而献身。奉献社会也并非都是轰轰烈烈的大事。实际上，我们所做的事无论大小，只要有益于国家、有益于党的事业、有益于人民，就是伟大的奉献。

五、规范操作，保障安全

农产品经纪人在进行农产品销售过程中，涉及到食品安全、运输工具及机械设备的安全使用，在储运过程中涉及到用电、防火、防盗、报警、补救等。

膳食不卫生、不安全，是百病之源。食品的安全性是与人们日常生活密切相关，人们上街购买鱼、肉、禽、蛋、牛奶等鲜活产品，总要查看一下是否腐烂、有异味或病虫污染，食品安全问题经常发生，特别是我国进入世界贸易组织以后，对我国农畜产品提出更高的要求。

食品安全是指在食品的生产和消费过程中，没有达到危害程度一定剂量的有毒、有害物质或因素的加入，从而保证人身按正常剂量和以正确的方式摄入这样的食品是不会受到急性或慢性的危害，这种危害包括对摄入者本身及其后代的影响。所以，按照国家食品安全生产的卫生、安全质量等规范办法和法规等组织生产，其产品对消费者生命健康不产生任何危害，这就是规范生产、操作生产安全食品。

农产品的储运涉及到运输工具及机械设备的安全使用，农村常用的运输工具有卡车、拖拉机、船、牲畜车、人力车等，用好、管好农用运输车和机械设备，是保证客运安全的重要保证。农产品经纪人必须学习、懂得运输车使用、保养存放等知识，以及机械设备的功能、安装、调整、维修拆卸等机能。这样才能保证农产品经纪人业务活动的安全可靠。

农产品经纪人业务活动中，还涉及到用电、防火、防盗、报警、补救等项业务。

用电是农民经济活动中不可缺少的动力源，农村缺乏专业电工、农村用电的特定条件和环境，容易发生触电事故，因此，农产品经纪人必须加强防治触电措施，深入普及用电安全知识，并且要懂得电击、电伤等触电后的急救方法。

“预防为主，防消结合”，要注意防火、防盗、报警和补救等。农产品经纪人一项重要内容就是储运，粮食仓库、储菜仓库、水果、水产仓库的安全尤为重要，对易燃易爆危险物品进行监督管理，要经常性的进行消防检查。仓储的防盗与报警措施必须到位，平台屋顶、临街、道路、仓房等需要做安全防护，门窗设立防护栏、防盗门等，如果出现警情，可以有一定的时间予以报警。

农业环境的好坏，对农业生产起决定性作用，农产品的安全生产，直接受农业环境质量的影响，农业环境指土地、水体、大气和光热，由于传统农业生产对农业环境采取粗放式经管，且严重危害和影响了农产品质量的生产，其主要表现为，用大量的污水灌溉、化肥农药的过量施用，农用地膜的广泛使用以及水土流失。长期盲目施用化肥，造成土地和水体环境的污染，直接影响农产品质量，土壤板结、地力下降、病虫害加剧、农产品质量下降等一系列经济环境问题。所以农产品经纪人在销售活动中，必须注意农产品的生态环境，注意农产品当地的土地污染、水污染等，否则，采购的农产品的品质就不是优秀的，甚至影响到消费者的人身安全。

思考题

1. 什么是职业道德？
2. 公民道德规范20字方针是什么？
3. 农产品经纪人职业道德规范40字守则是什么？

参考文献：

1. 赵莉莉主编：《职业道德》，大连：东北财经大学出版社，2002年9月版。

2. 钱安国主编：《职业道德修养教程》，北京：北京工业大学出版社，2003年1月版。

第三章　农产品市场营销基础

农产品包括粮食、水果、蔬菜、花卉、畜禽产品、林产品、水产品以及一系列加工产品。随着现代农业的发展，农业标准化作为组织现代农业生产和流通的有效手段日益凸显，农民经纪人只有了解农产品市场营销的基础知识，掌握粮食、水果、蔬菜、花卉、畜禽产品和水产品等农产品的品级鉴别，准确地鉴别主要农产品的品种、规格、质量标准和等级，才能够在农产品的收购、储运、销售、信息传递、服务等中介服务中获得有利的商机，取得最佳的经济效益。

第一节　市场营销概述

一、市场的含义

在现代市场经济条件下，企业必须按照市场需求组织生产。所谓市场，是指具有特定需要和欲望，而且愿意并且能够通过交换来满足这种需要或欲望的全部潜在顾客。因此，市场的大小，取决于那些有某种需要，并拥有使别人感兴趣的资源，同时愿意以这种资源来换取其需要的东西的人数。

（一）从多角度理解市场

市场一词，最早是指买主和卖主聚集在一起进行交换的场所。经济学家则将市场这一术语表述为卖主和买主的集合。而在市场营销者看来，卖主构成行业，买主则构成市场。市场营销学主要研究作为销售者的企业的市场营销活动，即研究企业如何通过整体市场营销活动，适应并满足买方的需求，以实现经营目标。因此，在这里，市场是指某种产品的现实购买者与潜在购买者需求的总和。

（二）市场的构成要素

市场包含三个主要因素：有某种需要的人、为满足这种需要的购买能力和购买欲望。用公式来表示就是：

市场 = 人口 + 购买力 + 购买欲望

市场的这三个因素是相互制约、缺一不可的，只有三者结合起来才能构成现实的市场，才能决定市场的规模和容量。

二、市场营销的含义

市场营销学的研究对象是市场营销活动，那么，怎样理解市场营销这一概念呢？对此，国内外都有过许多误解，最常见的就是把“市场营销（Marketing）”同“推销（Selling）”或“促销（Promotion）”混为一谈。菲利普·科特勒曾指出：“市场营销最重要的部分不是推销，推销仅仅是市场营销冰山的顶端，推销仅仅是市场营销几个职能中的一个，而且往往不是最重要的一个。因为，如果营销人员做好识别消费者需要的工作，发展适销对路的产品，并且搞好定价、分销和实行有效的促销，这些货物将会很容易地销售出去。”他还引用美国管理学权威彼得·杜拉克（Peter Drucker）的话说：“市场营销的目标就是使推销成为多余的。”美国市场营销协会（AMA）定义委员会于1960年曾提出一个定义："市场营销是引导货物和服务从生产者流向消费者或用户所进行的一切商务活动。"实际上，市场营销不是始于产品生产出来之后，也不是终于产品销售之时，而是包括了产前与售后的一系列经营活动；市场营销活动不是局限于生产与消费之间的流通领域，而且是渗透到生产领域与消费领域之中的。

经过多年的探讨，1985年美国市场营销协会又提出一个新的定义："市场营销是关于构思、货物和服务的设计、定价、促销和分销的规划与实施过程，目的是创造能实现符合个人和组织目标的交换。"这一定义较全面地表述了市场营销的含义，它指出，市场营销是这样一种管理过程，即关于构思、货物和服务的设计、定价、促销和分销的规划与实施过程，其目的是创造交换——能实现个人和组织目标的交换。

综合上述几个定义，我们对市场营销可以这样理解：市场营销是一种从市场需要出发的管理过程，它的核心思想是交换。按照菲利普·科特勒的说法，这是一种买卖双方互利的交换，即所谓"赢——赢游戏（Win - Win Game）"。这就是说，卖方按买方的需要供给产品或服务，使买方得到满足；买方则付出相应的货币，使卖方也得到满足。双方各得其所，而不是一方获利，一方就必定亏损，不是只有靠欺骗才能发财致富。

可见，现代企业的市场营销是一项系统工程，包含一整套策划、组织、实施与控制的过程，绝非单靠推销和促销所能达到目标的。

三、交易市场营销与关系市场营销

（一）交换与交易

1. 交换。所谓交换是指通过提供某种东西作为回报，从别人那里取得所需物的行为。交换的发生，必须具备5个条件：(1) 至少有两方；(2) 每一方都必须有对方认为有价值的东西；(3) 每一方都能沟通信息和传递物品；(4) 每一方都可以自由接受或拒绝对方的产品；(5) 每一方都认为与另一方进行交换是适当的、称心如意的。具备了上述条件，就有可能发生交换行为。但交换能否真正发生，取决于双方能否找到交换条件，即交换以后双方都比交换以前好（至少不比以前差）。

2. 交易。交换应看作是一个过程而不是一个事件。如果双方正在进行谈判，并趋于达成协议，这就意味着他们正在进行交换。一旦达成协议，我们就说发生了交易行为。交易是交换活动的基本单元，是由双方之间的价值交换所构成的行为。一次交易包括三个可以量度的实质内容：(1) 至少有两个有价值的事物；(2) 买卖双方所同意的条件；(3) 协议时间和地点。

3. 转让。交易与转让不同。在转让过程中，甲将某物给乙，甲并不接受任何实物作为回报。市场营销管理不仅要考察交易行为，也要研究转让行为。

（二）关系市场营销与市场营销网络

事实上，与交易有关的市场营销活动，即交易市场营销，只是另外一个大概念即关系市场营销的一部分。精明的市场营销者总是试图与其顾客、分销商、经销商、供应商等建立起长期的互信互利关系。这就需要以公平的价格、优质的产品、良好的服务与对方交易；同时，双方的成员之间还需加强经济、技术及社会等各方面的联系与交往。双方越是增进相互信任和了解，便越有利于互相帮助。关系市场营销还可节省交易成本和时间，并由过去逐项逐次的谈判交易发展成为例行的程序化交易。

1. 关系市场营销与交易市场营销。关系市场营销可定义为：企业与其顾客、分销商、经销商、供应商等相关组织或个人建立、保持并加强关系，通过互利交换及共同履行诺言，使有关各方实现各自的目的。企业与顾客之间的长期关系是关系市场营销的核心概念。交易市场营销能使企业获利，但企业更应着眼于长远利益，因而保持并发展与顾客的长期关系是关系市场营销的重要内容。建立关系是指企业向顾客作出各种承诺。保持关系的前提是企业履行诺言。发展或加强关系是指企业履行从前的诺言后，向顾客作出一系列新的承诺。关系市场营销与交易市场营销存在着一定的区别。例如：在交易市场营销情况下，一般说来，除产品和企业的市场形象之外，企业很难采取其他有效措施与顾客保持持久的关系。如果竞争者用较低的价格向顾客出售产品或服务，用类似的技术解决顾客的问题，则企业与顾客的关系就会终止。而在关系市场营销情况下，企业与顾客保持广泛、密切的联系，价格不再是最主要的竞争手段，竞争者很难破坏企业与顾客的关系。再如：交易市场营销强调市场占有率。在任何时刻，管理人员都必须花费大量费用，吸引潜在顾客购买，取代不再购买本企业产品或服务的老顾客。关系市场营销则强调顾客忠诚度，保持老顾客比吸引新顾客更重要。企业的回头客比率越高，市场营销费用越低。关系市场营销的最终结果，是为企业带来一种独特的资产，即市场营销网络。

2. 市场营销网络。所谓市场营销网络是指企业及与之建立起牢固的互相信赖的商业关系的其他企业所构成的网络。在市场营销网络中，企业可以找到战略伙伴并与之联合，以获得一个更广泛、更有效的地理占有。这种网络已经超出了纯粹的“市场营销渠道”的概念范畴。借助该网络，企业可在全球各地市场上同时推出新产品，并减少由于产品进入市场的时间滞后而被富有进攻性的模仿者夺走市场的风险。市场营销管理也正日益由过去追求单项交易的利润最大化，转变为追求与对方互利关系的最佳化。其经营信条是：建立良好关系，有利可图的交易随之即来。

第二节　目标市场营销

市场营销管理人员发现和选择了有吸引力的市场机会之后，还要进一步进行市场细分和目标市场选择，这是市场营销管理过程的第二个重要步骤。市场细分、选择目标市场以及后面将要提到的市场定位，构成了目标市场营销的全过程。

一、市场细分战略

（一）市场细分的含义

市场细分化是美国学者温德尔·史密斯在1956年首次揭示的一个内涵丰富的概念。它是依据购买者的需要和欲望的不同，寻求不同的利益。因此，企业要对市场进行细分，将具有共同需求特性的一部分作为目标市场，并制定相应策略，满足这部分需求。市场细分化就是要根据消费者明显的不同特征，把整个市场划分成两个或两个以上的若干个消费者群，每个消费者群便是一个细分市场，每个细分市场内的消费者具有相同的需求和欲望。

（二）市场细分的依据

消费者市场细分的依据很多，造成消费需求特征多样化的所有因素，几乎都可视为市场细分化的依据或标准，称为细分变量。一般认为主要细分依据是地理因素、人口因素、心理因素和行为因素等四大类。

1. 地理因素

以地理因素为依据来划分市场，是一种比较传统的市场细分分。地理因素包括洲际、国别、区域、行政省市、城乡、气候条件和其他地理环境等一系列的具体变量。由于地理环境、气候条件、社会风俗和文化传统的影响，同一地区的消费者往往具有相似的消费需求，而不同地区的消费者在需求内容和特点上有明显差异。不仅如此，处于不同地理环境中的消费者对企业所采取的营销策略（如产品的设计、价格、分销方式、广告宣传等）也会有不同的反应。例如，对同一种产品的广告宣传，城市消费者讲究时代感，乡村消费者看重实在、朴实。

2. 人口因素

人口因素包括年龄、性别、收入、教育水平、家庭规模、宗教和种族等直接反映消费者自身特点的许多因素。因为人口因素中所包含的这些变量来源于消费者自身，而且较易测得，所以，人口因素一直是消费者市场细分的重要因素。例如，性别细分一直运用于服装、理发、化妆品和杂志领域，以收入水平细分市场是汽车、服装、旅游等行业的长期做法，按年龄将消费者分为青年、中年、老年等不同的消费者群体在食品、娱乐等企业很普遍。现在，越来越多的情况是，采用多种人口统计变量来进行综合市场细分，尤其是当单一变量无法准确划分时。

3. 心理因素

消费者的心理因素是关于消费者自身的较深层次的因素，包括消费者的生活方式、个性等心理变量。在同一人口因素中可能蕴涵完全不同的心理因素，同一人口因素（年龄）因心理变量而复杂。所以，市场细分在考虑单纯的人口因素外，还要综合考虑心理因素。

生活方式是影响消费者的欲望和需求的一个重要因素。人们的生活方式不同，对商品的需求也就不同。因此，越来越多的企业按照消费者不同的生活方式来细分市场，并按照生活方式不同的消费者群体来设计不同的产品和安排市场营销组合。

消费者的个性往往影响了其购买决策和购买行为，可以说，消费过程就是他们自觉和不自觉地展示自己性格的过程。为此，营销者越来越注意给他们的产品赋予品牌个性，树立品牌形象，以符合相对应的目标消费者的个性，求得其目标市场的认同。

4. 行为因素

所谓的行为因素是指和消费者购买行为习惯相关的一些变量，包括购买时机和频率、追求的利益、使用情况和消费者对品牌的忠诚度等。根据购买者需要、购买或使用产品的时机，可将他们区分开来。按消费者对产品所追求的不同利益，将其归入各群体，是另一种卓有成效的市场细分方式。消费者对产品和品牌的选择出于不同的动机，企业针对不同的消费者的不同动机，设计开发不同的产品和品牌，研究制定不同的促销方式方法，或成为专为某一动机服务的市场专家。例如，同样是洗发水，宝洁公司却为不同动机的消费者开发了多个品牌，每一个品牌提供不同的利益："海飞丝"重在去头屑，"潘婷"重在对头发的营养保健，而"飘柔"则重在使头发光滑柔顺。

（三）市场有效细分的条件

企业可供使用的细分方法很多，但就特定的产品而言，并非任何细分方法都有意义。实行市场细分时必须以一定的条件来衡量潜在子市场，否则，不一定能形成有效的子市场，有可能徒劳无益，得不偿失。有效的子市场必须具备以下几个条件：

1. 可衡量性。指企业对细分后界定的子市场，其规模和购买力是否可以衡量。

2. 可接近性。指细分后界定的子市场能有效地被接近和为之服务的程度。

3. 足量性。指细分后界定的子市场的规模能否保证企业获得足够的经济效益，如规模太小，潜量有限，则不足以成为有效子市场。

4. 可实施性。指企业自身是否有足够能力针对有关子市场实施营销计划。

此外，市场细分必须符合法律和道德规范。有些市场需求如迷信用品、赌具、毒品等，虽有厚利可图，但为法律和道德所不允许，不应作为细分对象，更不该被选为目标市场。

（四）市场细分的程序

1. 选定产品市场范围。任何一个企业，都有自己的任务和追求的目标，并以此作为制定发展战略的依据。它一旦进入哪一个行业，接着就必须选定可能的产品市场范围。产品市场范围应以市场的需求来确定，也就是必须贯彻“消费者需求为中心”的思想。一旦需求发生了变化，整个细分市场也要相应调整。

2. 列举潜在顾客的基本需求。选择了产品市场范围后，公司的营销人员可以从地理、人口、心理等方面列出影响产品市场需求和顾客购买行为的各项变数。

3. 分析潜在顾客的不同需求。公司可向不同的潜在顾客进行抽样调查，对上述所列出的需求变数进行评价，了解顾客的共同需要，因为它们将成为企业市场细分的基础。

4. 对细分市场的初步确定。为子市场暂时命名，并进一步分析各子市场的特点，决定是否有必要再分或重新合并。这一步骤是对以上三步骤的重新认识和必要的更正，形成细分市场的雏形。

5. 调查、分析、评估各细分市场。具体包括：取得选定变数的相关资料；衡量各细分市场的规模；分析各细分市场的盈利潜力；预测未来市场的竞争程度；最后，结合本企业的资源状况，对各细分市场的可进入性进行综合分析。

6. 确定可进入的细分市场，制定相应的营销策略。根据企业的经营目标和资源优势，选择目标市场，制定市场营销组合，促进市场定位。

二、目标市场战略

目标市场，就是企业决定进入的那个市场，即企业决定以相应的商品和服务去满足其需要，为其服务的那个购买者群。可以说，企业的一切营销活动都是围绕目标市场进行的。选择和确定目标市场，明确企业的具体服务对象，关系到企业的生死存亡，是企业制定营销战略的首要内容和基本出发点。

（一）目标市场的范围选择策略

1. 产品——市场集中化。即企业的目标市场无论从产品还是从市场角度分析，都集中在一个细分市场。采用这种策略的企业主攻一种标准化产品，为某一特定顾客群服务。

2. 市场专业化。企业向同一顾客群供应不同性能和规模的产品。

3. 产品专业化。企业集中自己的优势只生产某一类产品，利用比较优势服务于不同的顾客群。

4. 选择性专业化。企业同时进入几个细分市场，为不同的顾客群提供不同性能的同类产品。这种策略的正确实施，有赖于企业细分市场的潜量、企业产品的竞争力以及企业资源的合理配置。

5. 全面进入。企业把整个市场作为目标市场，全方位为不同的消费者提供他们所需要的不同性能的产品。

（二）目标市场营销策略

企业通过市场营销调研和市场细分，就可以发现许多市场机会，这时，企业要决定哪部分市场为目标市场，也就是决定采取何种目标市场营销策略。目前的研究认为，可供企业选择的目标市场营销策略有3种：无差别市场营销、有差别市场营销和集中性市场营销。

1. 无差别市场营销

如果企业面对的市场是同质市场，或者企业经过细分市场后，发现即使顾客的需求是有差别的，但权衡得失，整个市场相似之处十分显著，可以视为同质的市场，在这两种情况下，企业可以采用无差别市场营销策略。

无差别市场营销策略的理论依据是规模经济。由于品种单一、批量大，生产成本和营销的费用随产量增加逐渐下降；同时，市场的视同如一也节约了大量的市场调研费用。但是，无差别市场营销往往忽略了市场需求的差异性，特别是顾客的需求也在随着社会和经济的发展而变化，可以说，单一产品要以同样的方式长期广泛销售并能得到任何顾客的欢迎，这几乎是不可能的。特别是在大市场竞争激烈的同时，对较小的细分市场又可能忽略掉，小市场的需求不能获得满足，企业也丧失了市场机会。

2. 有差别市场营销

有差别市场营销承认不同细分市场的差异性，并针对各细分市场的特点，分别设计不同的产品和营销计划，凭借产品与市场的差异化，获取最大的销量。

采用有差异市场营销策略，进行小批量、多品种生产，具有很大的优越性，它不仅可以满足不同顾客群的需要，提高产品的竞争能力，而且可以利用品牌的声誉在不同市场进行推广，带动整个企业的营销发展。但是，实行有差别市场营销会导致生产成本与营销费用的增加，同时对市场营销调研的要求也更高，特别是某些小企业受人力、物力与财力的限制，不宜采用此策略。即使对一些实力雄厚的大企业，也必须考虑收益与成本和费用之比，以及某一细分市场策略的失误给整个市场带来的负面效应。

3. 集中性市场营销

从以上的分析可以看出，企业实行无差别市场营销和有差别市场营销，都是以整个市场和几个细分市场为目标市场。而集中性市场营销强调企业集中一切力量，以一个或几个性质相似的细分市场为目标市场，即在较小的目标市场上有较大的市场占有率。正由于这一优点，许多企业利用它开拓市场，就是大企业在占领某市场时也重视集中性市场营销策略。

但是，集中性市场营销有较大的风险，这是因为它的目标范围较小，回旋余地也自然较小，承受力不大，在受到特大环境因素变动时，企业很容易陷入困境。为此，企业采用这一策略时必须加强对市场的调研，掌握环境的变动趋向，制定备选方案，增强企业的应变能力，减少市场威胁的冲击。

三、市场定位战略

(一) 市场定位的含义

随着市场经济的发展，在同一市场上有许多同一品种的产品出现。企业为了使自己生产或销售的产品获得稳定的销路，要从各方面为产品培养一定的特色，树立一定的市场形象，以求在顾客心目中形成一种特殊的偏爱，这就是市场定位。

(二) 市场定位的步骤

市场定位的关键是企业要设法在自己的产品上找出比竞争者更具有竞争优势的特性。竞争优势一般有两种基本类型：一是价格竞争优势，即在同样的条件下比竞争者定出更低的价格。这就要求企业采取一切努力，力求降低单位成本。二是偏好竞争优势，即能提供确定的特色来满足顾客的特定偏好。这就要求企业采取一切努力在产品特色上下功夫。因此，企业市场定位的全过程可以通过以下3大步骤来完成。

1. 确认本企业的竞争优势

这一步骤的中心任务是要回答以下3大问题：一是竞争对手的产品定位如何？二是目标市场上足够数量的顾客欲望满足程度如何以及确实还需要什么？三是针对竞争者的市场定位和潜在顾客的真正需要的利益要求企业应该和能够做什么？要回答这三个问题，企业市场营销人员必须通过一切调研手段，系统地设计、搜索、分析并报告有关上述问题的资料和研究结果。通过回答上述三个问题，企业就可从中把握和确定自己的潜在竞争优势在何处。

2. 准确地选择相对竞争优势

相对竞争优势表明企业能够胜过竞争者的能力，这种能力既可以是现有的，也可以是潜在的。通常的方法是分析、比较企业与竞争者在下列7个方面哪些是强项，哪些是弱项。

(1) 经营管理方面。主要考察领导能力、决策水平、计划能力、组织能力以及个人应变的经验等指标。

(2) 技术开发方面。主要分析技术资源（如专利、技术诀窍等）、技术手段、技术人员能力和资金来源是否充足等指标。

(3) 采购方面。主要分析采购方法、存储及运输系统、供应商合作以及采购人员能力等指标。

(4) 生产方面。主要分析生产能力、技术装备、生产过程控制以及职工素质等指标。

(5) 市场营销方面。主要分析销售能力、分销网络、市场研究、服务与销售战略、广告、资金来源等是否充足以及市场营销人员的能力等指标。

(6) 财务方面。主要考察长期资金和短期资金的来源及资金成本、支付能力、现金流量以及财务制度与人员素质等指标。

(7) 产品方面。主要考察可使用的特色、价格、质量、技术条件、包装、服务、市场占有率、信誉等指标。

3. 显示独特的竞争优势

这一步骤的主要任务是企业要通过一系列的宣传促销活动，将其独特的竞争优势准确传播给潜在顾客，并在顾客心目中留下深刻印象。为此，企业首先应使顾客了解、知道、熟悉、认同、喜欢和偏爱本企业的市场定位，在顾客心目中建立与该定位相一致的形象。其次，企业通过一切努力强化目标顾客形象，保持目标顾客的了解，稳定目标顾客的态度和加深目标顾客的感情来巩固与市场相一致的形象。最后，企业应注意目标顾客对其市场定位理解出现的偏差或由于企业市场定位宣传上的失误而造成的目标顾客模糊、混乱和误会，及时纠正与市场定位不一致的形象。

(三) 市场定位的具体方法

1. 根据属性和利益定位

产品本身的属性以及由此获得的利益能使消费者体会到它的定位。如，在汽车市场上，德国的大众汽车具有“货币价值”的美誉，瑞典的沃尔沃汽车突出其“耐用”特点，而日本丰田车以“经济可靠”著称。

2. 根据使用者的用途定位

从产品的使用用途考察定位，特别是为老产品找到新的用途，是市场定位的一种好办法。例如，烘焙用的小苏打，曾一度被用作刷牙剂、除臭剂等等，现在许多新产品已取而代之。

3. 根据使用者定位

在分析消费者行为时，我们强调了社会阶层这一因素。在进行产品市场定位时，许多企业利用消费者的不同背景来促进销售。如，有的啤酒侧重于大众化，有的啤酒则突出高雅，有的则可以是身份的象征。

4. 根据竞争定位

产品可以根据竞争状况来定位。一般地，我们根据企业在行业中的地位，把竞争者划分为4类：市场主导者、市场挑战者、市场追随者和市场利基者。因此，由于企业所处的地位不同，其定位方式也不同。这里主要介绍3种：

(1)“明星俱乐部”式定位。我们常见这样的广告：“我们的产品获全国十大名牌服装称号”等等。这就是通过群体（十大名牌）来衬托本企业产品的地位。这是处于第二、第三位的市场挑战者常用的方法。

(2) 迎头定位。如美国七喜饮料公司给自己莱姆柠檬饮料定位为“非可乐”，其目的是为了响应美国当时反咖啡因运动，暗示可乐饮料含咖啡因，对消费者不利。很快，七喜成为可口可乐和百事可乐的替代性选择。可见，这种定位方法也是市场挑战者的定位方式。

(3) 避强定位。也叫“拾遗补缺法”，是一种避开强有力的竞争对手的市场定位方法。这是市场利基者常用的方法，其意义在于通过专业化经营来填充那些大企业遗漏的或不屑顾及的小市场。

5. 多种方法，综合定位

企业可以把以上多种方法结合起来，创立产品市场定位。例如，维维豆奶集团在推销维维豆奶糊时，宣传本产品在传统黑芝麻糊的基础上，配以优质大豆、鲜牛奶、蔗糖等原料，用最新技术精制而成（质量定位），营养丰富，香甜润滑，有保健美容作用（属性和利益定位），老少皆宜（使用者定位），实为居家旅行之佳品（用途定位）。这里使用了四种方法进行综合定位。

第三节　市场营销策略

在现代激烈竞争的买方市场上，企业仅仅了解顾客是不够的，还必须了解竞争者。知己知彼，才能取得竞争优势。为了达到这个目的，需采取两个步骤：一是准确地分析竞争者，了解竞争者；二是制定适当的竞争战略和策略。这是营销管理过程中必不可少的步骤。

一、竞争者分析

分析和了解竞争者是企业制定竞争战略和策略的基础。这可按以下 6 个步骤进行：

（一）辨别企业的竞争者

企业的竞争者一般是指那些与本企业提供的产品或服务相类似，并且有相同目标顾客和相似价格的企业。例如，可口可乐把百事可乐作为主要竞争者。辨别竞争者看来似乎是简单易行的事，其实并不尽然。企业现实的和潜在的竞争者范围是很广的，一个企业很可能被潜在竞争者吃掉，而不是当前的主要竞争者。

（二）确定竞争者目标

确定了谁是企业的竞争者之后，还要进一步搞清每个竞争者在市场上追求的目标是什么，每个竞争者行为的动力是什么。每个竞争者都有侧重点不同的目标组合，如，获利能力、市场占有率、现金流量、技术领先和服务领先等等。企业只有了解每个竞争者的重点目标是什么，才能正确估计他们对不同竞争行为的反应。例如，一个以“低成本领先”为主要目标的竞争者，对于其他企业在降低成本方面技术突破的反应，要比对增加广告预算的反应强烈得多。

（三）确定竞争者的策略

各企业采取的营销策略越相似，他们之间的竞争就越激烈。在多数行业中，根据所采取的主要策略的不同，可将竞争者划分为不同的策略群体。根据策略群体的划分，可以归纳出2点：一是进入各个策略群体的难易程度不同。一般小型企业适于进入投资和声誉都较低的群体，因为这类群体较易打入；而实力雄厚的大企业，则可考虑进入竞争性强的群体。二是当企业决定进入某一策略群体时，该群体成员就成为他的主要竞争对手。除了在同一策略群体内存在激烈竞争外，在不同策略群体之间也存在竞争。

（四）估计竞争者的优势及弱点

企业需要估计竞争者的优势及弱点，了解竞争者执行各种既定策略的情况，看他是否达到了预期目标。为此，需搜集过去几年中关于竞争者的情报和数据。如，销售额、市场占有率、边际利润、投资收益率、现金流量、发展战略等等。但这不是一件容易的事，有时要通过间接的方式取得，如，通过二手资料、别人的介绍、别人的经验等。企业可以对中间商和顾客进行调查，如以问卷调查形式请顾客给本企业和竞争者在一些重要方面打分，通过分数可了解竞争者的长处和弱点，还可用来比较自己和竞争者在竞争地位上的优劣。

（五）判断竞争者的反应模式

上述竞争者的目标、策略、实力和弱点，决定了他可能的行为和对市场竞争的反应，如，降低售价、发动促销攻势、开发新产品等等。此外，每个竞争者都有其特定的经营理念、特定的企业文化和指导思想。营销管理者要想预测竞争者的行为和对市场竞争的反应，还需要深入了解竞争者的思想观念和行为模式。当企业推出某项营销措施时，竞争者们将会有不同反应。有些反应不强烈，可能是由于过分自信或注意不够，无力反应；另有些可能在某个方面反应强烈，如对降价强烈反击，对其他方面却不予理会；还有些竞争者，如美国的P&G公司，对任何进攻都迅速强烈反击，对此，最好避免与之正面交锋；最后，还有些竞争者的反应，变化莫测，难以捉摸。

（六）选择对策——进攻或回避

企业辨明主要竞争者并分析他们的优势、弱点和反应模式之后，就要决定自己的对策——进攻谁、回避谁。

企业为了及时、准确地掌握竞争者的情报，除了按以上6个步骤分析竞争者外，还需要建立竞争情报系统。这个系统首先要明确营销管理者所需要的主要情报及其最佳来源是什么。通常，推销人员、经销商和代理商、市场咨询机构和有关的协会，以及有关的报刊杂志等，都可成为情报来源。其次还要对所搜集到的情报资料分析评估，作出必要的解释，整理分类。最后可通过电话、报告、通讯、备忘录等形式，将情报资料及时送给企业有关的管理者。

二、企业的竞争性定位

企业分析了竞争者之后，还需要制定多方面的竞争性营销战略和策略，以取得竞争优势。那么，什么战略和策略最适用于某个企业或某种产品呢？没有一种战略或策略是永远适用的，每个企业都要依据自己的目标、资源和环境，以及在目标市场上的地位来制定战略和策略，即使在同一企业中，不同的业务、不同的产品也有不同的要求，不可强求一律。因此，企业应当先确定自己在目标市场上的竞争地位，然后根据自己的市场定位选择适当的营销战略和策略。

（一）竞争性定位战略

在同一目标市场上竞争的企业，其营销目标、资源和实力各不相同。不同的企业有不同的市场位置，不同的定位战略。美国哈佛大学商学院教授米歇儿·波特（Michael Porter）在其所著《竞争战略》一书中提出几种基本的竞争定位战略：

1. 总成本领先战略

努力降低产品生产和分销成本，从而使自己的产品价格低于竞争者的价格，以迅速扩大销售量提高市场份额，成为市场主导者。

2. 差异战略

大力发展别具一格的产品线或营销项目，以争取在产品或服务等方面比竞争者有独到之处，从而取得差异优势。如果价格不是过高的话，多数顾客会优先购买有特色的产品。

3. 焦点战略

集中力量为某一个或某几个子市场提供服务，更好地满足一定顾客的特殊需要，从而争取局部的竞争优势。

上述3种战略，企业如果专一执行某一种效果较好，执行得越彻底，获益越大；相反，企业如果不专一执行某一种战略，没有明确的战略思想，而采取模棱两可的“中间战略”，则效果肯定不佳。

（二）按不同竞争地位划分的企业类型

企业在目标市场上所扮演的角色，决定了它们在市场上的竞争地位。据此，可把企业划分为4种类型：市场主导者、市场挑战者和市场跟随者、市场利基者。

1. 市场主导者。指在相关产品的市场上占有率最高的企业。

一般说来，大多数行业都有一家企业被认为是市场主导者，它在价格变动、新产品开发、分销渠道的覆盖面和促销支出等方面处于主宰地位，为同业者所公认。它是市场竞争的导向者，也是其他企业挑战、效法或回避的对象，如软饮料市场的可口可乐公司、快餐市场的麦当劳公司等，这种主导者几乎各行各业都有，它们的地位是在竞争中自然形成的，但不是固定不变的。

2. 市场挑战者和市场跟随者。指那些在市场上处于次要地位（第二、第三甚至更低地位）的企业，如美国汽车市场的福特公司、软饮料市场的百事公司等。这些处于次要地位的企业可采取两种战略：一是争取市场主导地位，向竞争者挑战，即市场挑战者；一是安于次要地位，在“和平共处”的状态下求得尽可能多的利益，即市场跟随者。每个处于市场次要地位的企业，都要根据自己的实力和环境提供的机会与风险，决定自己的竞争战略是“挑战”还是“跟随”。

3. 市场利基者。每个行业几乎都有些小企业，它们专心关注市场上被大企业忽略的某些细小部分，在这些小市场上通过专业化经营来获取最大限度的收益，也就是在大企业的夹缝中求得生存和发展，这种有利的市场位置在西方称之为“Niche”，海外通常译作“利基”，占据这种市场位置的企业，称之为市场利基者。

上述4种类型，既可针对企业，也可针对企业的某种产品或某条产品线。同一企业的不同产品有可能处于不同的竞争地位，需要不同的营销策略。

三、企业的市场营销策略

企业的任何一个市场营销活动和营销策略都涉及到3个活

动：选择一个或多个目标市场、确定营销目标、制定并保持将产生与目标市场互相满意的交换的营销组合，即产品、定价、分销、促销。

营销组合这一术语是指为产生与目标市场互相满意的交换而设计的产品、定价、分销、促销（即4P）的特定组合。营销经理能够控制营销组合的每一部分，但是4个部分的策略必须融合到一起才能实现最优的结果。对任何一种组合来说，最弱的部分决定了整个组合的强弱。例如，好的产品在不好的分销系统下很可能失败。

为满足目标市场的需求，成功的营销组合需要进行仔细的调整。营销组合的变化不是偶然发生的，它反映了精明的营销经理为获得竞争优势和竞争成功而制定的基本营销策略。

（一）产品策略

通常营销组合从所提供的产品开始。在不知道所营销的产品的时候，很难设计分销系统和制定价格，因此企业营销组合的中心是它所提供的产品。

市场营销者眼中的产品比消费者想象中的范围要大。一种产品不仅包括物理部分而且包括很多其他部分，包括包装、保证、售后服务、品牌和企业形象。我们买东西不仅因为它能做什么，而且还因为它对我们意味着什么。

（二）定价策略

价格是购买者为了达到产品必须放弃的东西，它是营销组合的4个部分中最灵活的因素。与其他营销组合变量相比，营销人员可以更加频繁地提高或降低价格，因此价格是一个重要的竞争武器。

（三）分销策略

分销策略是在顾客需要产品的时候和地点能够提供产品。批发商和零售商帮助生产商把产品分销到最终用户。物理分销包括与产品的仓储、运输有关的所有经营活动。这样，当需要的时候，他们能够以可使用的状态到达目的地。物理分销也是分销策略的组成部分。

（四）促销策略

促销策略包括人员推销、广告、销售推广和公共关系。它的作用是通过通知、教育、说服、提醒顾客有关组织或产品所带来的好处，帮助在目标市场进行互相满意的交换。好的促销策略有时能够极大地增加企业的销售。调整和管理促销的每个因素，使他们与其他的因素共同形成促销组合。

思考题

1. 什么是市场？什么是市场营销？什么是市场细分？什么是市场定位？

2. 市场细分的有效条件是什么？程序如何？

3. 3种目标市场营销策略分别是什么？其优缺点如何？

4. 竞争者类型有哪几种？企业的竞争性定位战略是什么？

5. 4P是什么？

参考文献：

1. 索志林主编：《新编管理学教程》，哈尔滨出版社，2001年版。

2. 韦恒主编：《市场营销学》，哈尔滨出版社，2001年4月版。

第四章　法律和法规

通过本章的学习了解掌握与农业生产经营有关的法律法规，提高自身的法律素质和法律观念，很好地帮助农民遵守法律，依法经营并维护自身的合法权益。

第一节　相 关 法 律

一、合同法相关知识

（一）合同的概念

合同法中所指的合同，是平等主体的自然人、法人、其他组织之间设立、变更、终止民事权利义务关系的协议。而同属民事法律领域的婚姻、收养、监护等有关身份关系的协议，以及其他法律性质的协议，适用其他法律的规定。

（二）合同的订立

1. 合同的内容

根据我国《合同法》的规定，在不违反法律强制性规定的情况下，合同的内容由当事人约定，一般包括以下条款：

当事人的名称或者姓名和住所；标的；数量；质量；价款或者报酬；履行期限、地点和方式；违约责任；解决争议的方法。

2. 合同的形式

合同的形式，是指合同当事人意思表示一致的外在表现形式。当事人订立合同，可以采取书面形式、口头形式和其他形式。

3. 合同的订立程序

要约：所谓要约，是指希望和他人订立合同的意思表示。根据《合同法》规定，该意思表示应当符合下列规定：内容具体确定，即表达出订立合同的意思，并包括一经承诺合同即可成立的各项基本条款；表明经受要约人承诺，要约人即受该意思表示约束。

要约到达受要约人时生效。

承诺：所谓承诺，是受要约人同意要约的意思表示。承诺自通知到达要约人时生效。

承诺的内容应当与要约的内容一致。但在实践中，受要约人对要约的内容作出实质性变更的，为新要约。

承诺对要约的内容作出非实质性变更的，除要约人及时表示反对或者要约表明承诺不得对要约的内容作出任何变更的以外，该承诺有效，合同的内容以承诺的内容为准。

4. 合同成立的时间

当事人采用合同书形式订立合同的，自双方当事人签字或者盖章时合同成立。

5. 合同成立的地点

《合同法》规定，承诺生效的地点为合同成立的地点。当事人采用合同书形式订立合同的，双方当事人签字或者盖章的地点为合同成立的地点。如双方当事人未在同一地点签字或盖章，则以当事人中最后一方签字或盖章的地点为合同成立的地点。

（三）合同的效力

合同的生效

《合同法》根据不同类型的合同规定了合同生效的时间，主要有以下4种情况：

1. 依法成立的合同，自成立时生效。这是指一般情况下合同生效的时间。

2. 法律、行政法规规定应当办理批准、登记等手续生效的，依照其规定办理批准、登记等手续后生效。

3. 当事人对合同的效力可以约定附条件。附生效条件的合同，自条件成就时生效。附解除条件的合同，自条件成就时失效。

4. 当事人对合同的效力可以约定附期限。附生效期限的合同，自期限届满时生效。附终止期限的合同，自期限届满时失效。

无效合同、可撤销或可变更的合同及其法律后果

1. 无效合同

无效合同，是指已经订立，但因违反法律、行政法规规定的生效条件而不发生法律效力，不具有法律约束力的合同。《合同法》第五十二条规定，有下列情形之一的，合同无效。

2. 可撤销或可变更的合同

可撤销或可变更的合同，是指因重大误解订立的、在订立合同时显失公平的和一方以欺诈、胁迫的手段或者乘人之危，使对方在违背真实意思的情况下订立的合同，受损害方有权请求人民法院或者仲裁机构变更或者撤销的合同。

合同无效或者被撤销后，因该合同取得的财产，应当予以返还；不能返还或者没有必要返还的，应当折价补偿。有过错的一方应当赔偿对方因此所受到的损失，双方都有过错的，应当各自承担相应的责任。当事人恶意串通，损害国家、集体或者第三人

利益的，因此取得的财产收归国家所有或者返还集体、第三人。

（四）合同的履行

合同订立后，双方当事人必须按照合同约定履行各自义务。

（五）合同的变更、转让和终止

1. 合同的变更

合同变更仅指合同内容的变更。

2. 合同的转让

根据《合同法》规定，债权人转让权利的，无须债务人同意，但应当通知债务人。未经通知，该转让对债务人不发生效力。

3. 合同的终止

《合同法》第九十一条规定，有下列情形之一的，合同的权利义务终止：

债务已经按照约定履行；合同解除；债务相互抵消；债务人依法将标的物提存；债权人免除债务；债权债务同归于一人；法律规定或者当事人约定终止的其他情形。

（六）违约责任

《合同法》规定的承担违约责任的方式主要有以下几种：继续履行、补救措施、赔偿损失、支付违约金。

1. 继续履行

继续履行，又称实际履行、强制实际履行，是指债权人在债务人本履行合同义务时，可请求人民法院或者仲裁机构强制债务人实际履行合同义务。

2. 补救措施

补救措施，是债务人履行合同义务不符合约定，债权人在请求人民法院或者仲裁机构强制债务人实际履行合同义务的同时，可根据合同履行情况要求债务人采取的补救履行措施。如《合同法》第一百一十一条规定，当事人履行合同义务，质量不符合约定的，应当按照当事人的约定承担违约责任。对违约责任没有约定或者约定不明确，受损害方根据标的的性质以及损失的大小，可以合理选择要求对方承担修理、更换、重做、退货、减少价款或者报酬等违约责任。

3. 赔偿损失

当事人一方不履行合同义务或者履行合同义务不符合约定的，在履行义务或者采取补救措施后，对方还有其他损失的应当赔偿损失。损失赔偿额应当相当于因违约所造成的损失，包括合同履行后可以获得的利益，但不得超过违反合同一方订立合同时预见到或者应当预见到的因违反合同可能造成的损失。当事人可以在合同中约定因违约产生的损失赔偿额的计算方法。

当事人一方违约后，对方应当采取适当措施防止损失的扩大；没有采取适当措施致使损失扩大的，不得就扩大的损失要求赔偿。当事人因防止损失扩大而支出的合理费用，由违约方承担。

4. 支付违约金

违约金，是按照当事人约定或者法律规定，一方当事人违约时应当根据违约情况向对方支付的一定数额的货币。

约定的违约金低于造成的损失的，当事人可以请求人民法院或者仲裁机构予以增加；约定的违约金过分高于造成的损失的，当事人可以请求人民法院或者仲裁机构予以适当减少。当事人就迟延履行约定违约金的，违约方支付违约金后，还应当履行债务。

当事人在合同中既约定违约金，又约定定金的，一方违约时，对方可以选择适用违约金或者定金条款，但两者不可同时并用。

5. 免责事由

免责事由，是指当事人约定或者法律规定的债务人不履行合同时可以免除承担违约责任的条件与事项。《合同法》规定的一般免责事由为不可抗力，其他法律对特定合同免责事由有规定的，适用于特定合同。当事人可以在合同中自愿约定合理的免责条款。

不可抗力，是指不能预见、不能避免并不能克服的客观情况。因不可抗力不能履行合同的，根据不可抗力的影响，部分或者全部免除责任，但法律另有规定的除外。当事人迟延履行后发生不可抗力的，不能免除责任。当事人一方因不可抗力不能履行合同的，应当及时通知对方，以减轻可能给对方造成的损失，并应当在合理期限内提供证明。

二、消费者权益保护法相关知识

（一）消费者的概念

消费者权益保护法中所涉及的“消费者”，主要是指为生活消费需要购买、使用商品或者接受服务的人。在特殊情况下也包括生产资料的消费者，如农民的生产性消费活动等。

（二）消费者的权利

中国《消费者权益保护法》根据世界各国的法律立法经验，明确规定了消费者享有以下权利。

1. 消费者的安全权

消费者的安全权包括财产安全和人身安全两方面的权利。

2. 消费者的知情权

《消费者权益保护法》第 8 条第 1 款规定：“消费者享有知悉其购买、使用的商品或者接受的服务的真实情况的权利。”

3. 消费者的选择权

消费者的选择权是指消费者在面临众多的商品和服务提供者时，自主选择商品或服务的权利。

4. 消费者的公平交易权

公平交易是市场经济的一项准则，其核心是消费者以一定数量的货币可以换得同等价值的商品或者服务。由于法律规定消费者与经营者享有平等的法律地位，消费者购买或者不购买任何一种商品、接受或不接受任何一项服务都具有自主的选择权。

5. 消费者的损害赔偿请求权

消费者享有的损害赔偿请求权简称求偿权，是指消费者在购买、使用商品或者接受服务受到人身、财产损害时享有依法获得赔偿的权利，包括人身损害赔偿请求权和财产损害赔偿请求权。

6. 消费者的结社权

消费者的结社权是指消费者享有的，依照中国有关法律的规定成立社会团体，以维护自身合法权益的权利。

7. 消费者获得有关知识的权利

所谓消费者获得有关知识的权利是指消费者享有获得有关消费和消费者权益保护方面的知识的权利。

8. 消费者的监督权

消费者的监督权是指消费者享有对商品和服务进行监督以及对保护消费者权益工作进行监督的法定权利。它是社会监督的重要组成部分。

（三）经营者的义务

经营者作为消费活动的一方主体，是实现消费者权益保护的义务承担者。

1. 经营者的约定义务

在消费活动中经营者一般通过口头承诺或格式合同形式与消

费者缔结合同。对于这类合同经营者必须按照合同法律的有关规定，承担合同约定的义务。

2. 经营者的法定义务

接受消费者的监督；保障消费者的人身、财产安全；提供真实信息；出具有效的凭证或单据；保证商品质量、性能、用途和有效期限；对特定商品承担三包责任；不得以格式合同、通知、声明、店堂告示等方式免除自身的责任；不得侵犯消费者的人格和人身自由及身体健康。

(四) 消费者权益争议的解决和法律责任

1. 消费者权益争议的协商

消费者权益争议的协商是指消费者与经营者在发生争议后，就与争议有关的问题进行协商，达成和解协议，使纠纷得以解决的活动。

2. 消费者权益争议的调解

消费者权益争议的调解是由第三方对争议双方当事人进行说服劝导、沟通调和，以促成争议双方达成解决纠纷的协议的活动。

3. 消费者权益争议的行政处理

消费者在发生权益纠纷后，除协商和解或向消费者协会申请调解外，还可以向有关行政机关提出申诉，要求行政机关维护自己的合法权益。

4. 消费者权益争议的仲裁

仲裁是指发生纠纷的当事人，自愿将他们之间的争议提交仲裁机构进行裁决的活动。仲裁与其他处理消费纠纷的方式相比，有公正、权威、快速、经济、保密性强的优点。

5. 消费者权益争议的诉讼

消费者和经营者发生消费者权益争议的，可以向人民法院提起诉讼，通过司法审判程序解决民事争议。

（五）侵害消费者合法权益的法律责任

对经营者违反合同约定或法律规定的义务，侵犯消费者合法权益的，应根据情节轻重分别承担民事、行政和刑事责任。

三、产品质量法相关知识

（一）产品

中国的《产品质量法》第二条规定："本法所称产品是指经过加工、制作，用于销售的产品。""建设工程不适用本法规定。"同时，第七十三条还规定："军工产品质监管管理办法，由国务院、中央军事委员会另行规定。""因核设施、核产品造成损害的赔偿责任，法律、行政法规另有规定的，依照其规定。"

（二）产品质量

在中国法学界一般认为，产品质量是指产品所具有的符合人们需要的各种特性，如安全、可靠、适用、经济、方便维修等。就是国家有关法规、质量标准以及合同约定的对产品适用及其他特性的消费要求，一般以产品的规格和技术条件表示。

（三）生产者的产品质量义务

根据中国《产品质量法》第二十六条至三十二条规定，生产者的产品质量义务主要包括以下内容：

1. 生产者产品质量义务

生产者应当对其生产的产品质量负责。产品质量应当符合下列要求：

（1）不存在危及人身、财产安全的不合理危险，有保障人体健康和人身、财产安全国家标准、行业标准的，应当符合该标准。

(2) 具备产品应当具备的使用性能，但是，对产品存在使用性能的瑕疵作出说明的除外。

(3) 符合在产品或者其包装上注明采用的产品标准，符合以产品说明、实物样品等方式表明的质量状况。

2. 生产者的产品标识义务

产品或其他包装上的标识必须真实并符合下列要求：

(1) 有产品质量检验合格证明。

(2) 有中文标明的产品名称、生产厂厂名和厂址。

(3) 根据产品特点和使用要求，需要标明产品规格、等级、所含成分的应予标明。

(4) 限期使用的产品应在显著位置清晰地标明生产日期和安全使用期或者失效日期。

(5) 使用不当容易造成产品本身损坏或可能危及人身财产安全的产品应当有警示标志或者中文警示说明，裸装的食品或其他难以附加标识的裸装产品，可以不附加产品标识。

(6) 易碎、易燃、易爆、有毒、有腐蚀性、有放射性等危险物品以及储运中不能倒置和其他有特殊要求的产品，其包装质量必须符合相应的要求，依照国家有关规定作出警示标志或者中文警示说明，标明储运注意事项。

3. 生产者的禁止性义务

生产者的禁止性义务主要有如下方面的内容：

(1) 生产者不得生产国家明令淘汰的产品。

(2) 生产者不得伪造产地，不得伪造或者冒用他人的厂名、厂址。

(3) 生产者不得伪造或冒用各种质量认证标志。

(4) 生产者生产产品，不得掺杂、掺假，不得以假乱真，以次充好，不得以不合格产品冒充合格产品。

（四）销售者的产品质量义务

1. 销售者作为的义务

销售者应当以积极作为的方式保证其销售的产品质量。具体包括如下方面的内容：

（1）销售者应当建立并执行严格的进货检查验收制度，验明产品合格证明与标识，从源头上杜绝不合格产品进入流通领域。

（2）销售者应当采取各种措施，保持销售产品的质量。

（3）销售者销售产品或者其包装上的标识必须真实可靠并符合法定要求。

2. 销售者的不作为义务

（1）生产者不得生产国家明令淘汰的产品。

（2）生产者不得伪造产地，不得伪造或者冒用他人的厂名、厂址。

（3）生产者不得伪造或冒用各种质量认证标志。

（4）生产者生产产品，不得掺杂、掺假，不得以假乱真，以次充好，不得以不合格产品冒充合格产品。

（五）产品质量责任

产品质量责任，指产品的生产者、销售者，违反了产品质量法规定的产品质量义务，因产品存在缺陷造成消费者人身财产损害时，根据产品质量法规定应当承担的责任。

《产品质量法》第四十一条规定，生产者有下列情形之一的，不承担赔偿责任。即：未将产品投入流通的；产品投入流通时引起损害的缺陷不存在的；将产品投入流通时的科学技术水平尚不能发现有缺陷存在的。

（六）损害赔偿的范围

1. 人身伤害的赔偿　中国《产品质量法》第四十四条第1款规定了人身伤害的损害赔偿范围。因产品存在缺陷造成受害人人身伤害的，侵害人应当赔偿医疗费、治疗费、治疗期间的护理费、因误工减少的收入等费用；造成残疾的，还应当支付残疾者的生活自助具费、生活补助费、残疾赔偿费以及由其抚养的人所必需的生活费等费用；造成受害人死亡的并应当支付丧葬费、死亡赔偿金以及由死者生前抚养的人所必需的生活费等费用。

2. 财产损失的赔偿　因产品存在缺陷造成受害人财产损失的，侵害人应当恢复原状或者折价赔偿。受害人因此遭受其他重大损失的，侵害人应当赔偿损失。另外，如果产品存在缺陷造成产品本身损失的，属合同关系问题，由民法与合同法救济。

3. 精神损害的赔偿　所谓精神损害一般是指公民的人格受到非财产性损失，给受害人造成了精神上的痛苦。2001 年最高人民法院颁布的《关于确定民事侵权精神损害赔偿责任若干问题的解释》中规定，自然人的生命权、健康权、身体等遭受非法侵害的可以请求赔偿精神损害。其中，致人死亡的“死亡赔偿金”、致人残疾的“残疾赔偿金”、其他精神损害的“精神抚慰金”等都属于精神赔偿的范围。

（七）产品质量争议处理

中国《产品质量法》规定：“因产品质量发生民事纠纷时，当事人可以通过协商或调解解决。当事人不愿通过协商、调解解决或者协商、调解不成的，可以根据当事人各方的协议向仲裁机构申请仲裁；当事人各方没有达成仲裁协议的，可以向人民法院起诉。”

四、野生动物保护法相关知识

（一）野生动物保护

国家保护野生动物及其生存环境，禁止任何单位和个人非法猎捕或者破坏。

国家对珍贵、濒危的野生动物实行重点保护。国家重点保护的野生动物分为一级保护野生动物和二级保护野生动物。国家重点保护的野生动物名录及其调整，由国务院野生动物行政主管部门制定，报国务院批准公布。

地方重点保护野生动物，由省、自治区、直辖市重点保护的野生动物。地方重点保护的野生动物名录，由省、自治区、直辖市政府制定并公布，报国务院备案。

国家保护的有益的或者有重要经济、科学研究价值的陆生野生动物名录及其调整,由国务院野生动物行政主管部门制定并公布。

国务院野生动物行政主管部门和省、自治区、直辖市政府，应当在国家和地方重点保护野生动物的主要生息繁衍的地区和水域，划定自然保护区，加强对国家和地方重点保护野生动物及其国务院有关规定办理。

各级野生动物行政主管部门应当监视、监测环境对野生动物的影响。由于环境影响对野生动物造成危害时，野生动物行政主管部门应当会同有关部门进行调查处理。

建设项目对国家或者地方重点保护野生动物的生存环境产生不利影响的，建设单位应当提交环境影响报告书；环境保护部门在审批时，应当证求同级野生动物行政主管部门的意见。

国家和地方重点保护野生动物受到自然灾害威胁时，当地政府应当及时采取拯救措施。

因保护国家和地方重点保护野生动物，造成农作物或者其他损失的，由当地政府给予补偿。补偿办法由省、自治区、直辖市政府制定。

（二）野生动物管理

野生动物行政主管部门应当定期组织对野生动物资源的调

查，建立野生动物资源档案。

禁止猎捕、杀害国家重点保护野生动物。

国家鼓励驯养繁殖野生动物。

驯养繁殖国家重点保护野生动物的，应当持有许可证。许可证的管理办法由国务院野生动物行政主管部门制定。

猎捕非国家重点保护野生动物的，必须取得狩猎证，并且服从猎捕量限额管理。

持枪猎捕的，必须取得县、市公安机关核发的持枪证。

猎捕者应当按照特许猎捕证、狩猎证规定的种类、数量、地点和期限进行猎捕。

在自然保护区、禁猎区和禁猎期内，禁止猎捕和其他妨碍野生动物生息繁衍的活动。

禁猎区和禁猎期以及禁止使用的猎捕工具和方法，由县级以上政府或者其野生动物行政主管部门规定。

禁止出售、收购国家重点保护野生动物或者其产品。

驯养繁殖国家重点保护野生动物的单位和个人可以凭驯养繁殖许可证向政府指定的收购单位，按照规定出售国家重点保护野生动物或者其产品。

工商行政管理部门对进入出售国家重点保护野生动物或者其产品。运输、携带国家重点保护野生动物或者其产品出县境的，必须经省、自治区、直辖市政府野生动物行政主管部门或者其授权的单位批准。

涉及科学技术保密的野生动物物种的出口，按照国务院有关规定办理。

禁止伪造、倒卖、转让特许猎捕证、狩猎证、驯养繁殖许可证和允许进出口证明书。

外国人在中国境内对国家重点保护野生动物进行野外考察或

者在野外拍摄电影、录像，必须经国务院野生动物行政主管部门或者其授权的单位批准。

建立对外国人开放的猎捕场所，必须经国务院野生动物行政主管部门批准。

经营利用野生动物或者其产品的，应当缴纳野生动物资源保护管理费。收费标准和办法由国务院野生动物行政主管部门会同财政、物价部门制定，报国务院批准后施行。

因猎捕野生动物造成农作物或者其他的损失的，由猎捕者负责赔偿。

五、税收征收管理法相关知识

（一）税收征收管理法的适用范围

《征管法》第二条规定："凡依法由税务机关征收的各种税收的征收管理，均适用本法。"

（二）税务管理

1. 税务登记管理

（1）从事生产、经营的纳税人，应当自领取营业执照之日起30日内，向生产、经营地或者纳税义务发生地的主管税务机关申报办理税务登记，如实填写税务登记表并按照税务机关的要求提供有关证件、资料。

（2）除上述以外的其他纳税人，除国家机关和个人外，应当自纳税义务发生之日起30日内，持有关证件向所在地主管税务机关申报办理税务登记。

（3）纳税人办理税务登记后，如发生下列情形之一，应当办理变更税务登记：发生改变名称、改变法定代表人、改变经济性质或经济类型、改变住所和经营地点（不涉及主管税务机关变动的)、改变生产经营或经营方式。

纳税人税务登记内容发生变化的，应当自工商行政管理机关或者其他机关办理变更登记之日起30日内，持有关证件向原税务登记机关申报办理变更税务登记。纳税人税务登记内容发生变化，不需要到工商行政管理机关或者其他机关办理变更登记的，应当自发生变化之日起30日内，持有关证件向原税务登记机关申报办理变更税务登记。

(4) 纳税人因经营期限届满而自动解散；企业由于改组、分级、合并等原因而被撤销；企业资不抵债而破产；纳税人住所、经营地址迁移而涉及改变原主管税务机关的；纳税人被工商行政管理部门吊销营业执照；以及纳税人依法终止履行纳税义务的其他情形。按照规定不需要在工商管理机关办理注销登记的，应当自有关机关批准或者宣告终止之日起15日内，持有关证件向原税务登记管理机关申报办理注销税务登记。

(5) 实行定期定额征收方式的纳税人，在营业执照核准的经营期限内需要停业的，应当向税务机关提出停业登记，说明停业的理由、时间、停业前的纳税情况和发票的领、用、存情况，并如实填写申请停业登记表。税务机关经过审核（必要时可实地审查)，应当责成申请停业的纳税人结清税款并收回税务登记证件、发票领购簿和发票，办理停业登记。纳税人停业期间发生纳税义务，应当及时向主管税务机关申报，依法补缴应纳税款。

2. 账簿、凭证管理

所有的纳税人和扣缴义务人都必须按照有关法律、行政法规和国务院财政、税务主管部门的规定设置账簿。

根据《征管法》第二十条和《细则》第二十四条的有关规定，凡从事生产、经营的纳税人必须将所采用的财务、会计制度和具体的财务、会计处理办法，按税务机关的规定，自领取税务登记证件之日起15日内，及时报送主管税务机关备案。

3. 纳税申报管理

纳税申报是纳税人按照税法规定的期限和内容，向税务机关提交有关纳税事项书面报告的法律行为，是纳税人履行纳税义务、界定纳税人法律责任的主要依据，是税务机关税收管理信息的主要来源和税务管理的重要制度。

（三）税款征收

税款征收的方式主要有：查账征收；查定征收；查验征收；定期定额征收；委托代征税款；邮寄纳税；利用网络申报、用IC卡纳税等方式。

“纳税人未按照规定期限缴纳税款的，扣缴义务人未按照规定期限解缴税款的，税务机关除责令限期缴纳外，从滞纳税款之日起，按日加收滞纳税款万分之五的滞纳金。”

（四）税务检查

税务机关有权进行下列税务检查：

1. 检查纳税人的账簿、记账凭证、报表和有关资料，检查扣缴义务人代扣代缴、代收代缴税款账簿、记账凭证和有关资料。

2. 到纳税人的生产、经营场所和货物存放地检查纳税人应纳税的商品、货物或者其他财产，检查扣缴义务人与代扣代缴。代收代缴税款有关的经营情况。

3. 责成纳税人、扣缴义务人提供与纳税或者代扣代缴、代收代缴税款有关的文件、证明材料和有关资料。

4. 询问纳税人、扣缴义务人与纳税或者代扣代缴、代收代缴税款有关的问题和情况。

5. 到车站、码头、机场、邮政企业及其分支机构检查纳税人托运、邮寄、应税商品、货物或者其他财产的有在单据凭证和资料。

6. 经县以上税务局（分局）局长批准，凭全国统一格式的检查存款账户许可证明，查询从事生产、经营的纳税人、扣缴义务人在银行或者其他金融机构的存款账户。

7. 税务机关调查税务违法案件时，对与案件有关的情况和资料，可以记录、录音、录像、照相和复制。

六、食品卫生法相关知识

(一) 食品卫生法概述

食品卫生法是保证食品生产卫生，防止食品污染、变质和有害因素对人体造成危害，减少食源性疾患，保障人体健康，增强人民体质的有关法律、法规的总和。1995 年 10 月 30 日，《中华人民共和国食品卫生法》以下简称《食品卫生法》经第八届全国人民代表大会常务委员会第十六次全体会议审议通过。

(二) 食品卫生要求

1. 食品的卫生

该法第六条对食品的基本要求作了规定，第七条专门对婴幼儿进行特别保护。食品首先应具有安全性即“无毒、无害”；其次，食品应当符合应有的营养要求，蛋白质、脂肪、维生素、矿物质等营养素的含量应科学、合理；再次要具有相应的色、香、味等感官性状，食物的澄清、混浊、组织状态上的软、硬、松、紧、滑、干燥、湿润、韧性等都属感官性状之列。满足婴幼儿正常发育所需的主、辅食品，必须符合国务院卫生行政部门制定的营养、卫生标准和管理办法的规定。

对食品生产经营过程的卫生要求具体规定。这些要求概括起来就是：

（1）创造对食品生产、经营有利的内外环境。从大环境看包括厂房、场地、污水排放、生产设备以及必要的通风、采光、照明、消毒等措施；在小环境方面则包括盛装容器、包装材料消毒，清洁卫生等。

（2）防止交叉污染，食品不得与有害物质、不洁物质接触，洗涤剂、消毒剂应对人体安全、无害。

（3）食品生产经营人员的个人卫生，以及生产经营中必须遵守的卫生制度等。

对禁止生产经营的十二类食品进行了规定，这十二类不得生产经营的食品：

主要是霉变污染毒害食物，包括受物理因素、化学因素、生物因素及其他因素污染的食物；掺假掺杂，影响食物的营养的食物：使用或加入非食品原料的食物；超过保存期限的食物以及其他应被禁止生产经营的食物。第六条至第十条规定的食品卫生要求，是对食品生产经营单位采取的强制性要求，是食品生产经营企业必须遵守的规范，是食品卫生监督行政部门在履行国家授予的权利、开展食品卫生监督工作的法律依据。此外，在经常性管理监督工作中，只要食品卫生监督员认定某种食品对消费者有可能造成危害，那么这种食品就应在“禁止生产经营”之列。这些规定从预防为主的方针出发，表明了国家对人民群众的健康从严保证的一贯原则。

2. 食品添加剂的卫生要求

对生产、经营和使用食品添加剂的卫生要求作了规定。目前我国允许使用并制定有国家标准的食品添加剂有抗腐剂、抗氧化剂、发色剂、漂白剂、酸味剂、凝固剂、疏松剂、增稠剂、消泡剂、着色剂、乳化剂、品质改良剂、抗结剂、香料、营养强化剂、酶制剂、鲜味剂等20类。由于食品添加剂不是食品，而是为食品生产加工的需要而加入的食品本身以外的物质，其中有些物质存在一定的毒性，因此该条规定对食品添加剂的生产、经营和使用进行严格的卫生监督管理。卫生部制定的《食品添加剂卫生管理办法》对此作了具体规定：

(1) 对食品添加剂品种的控制。允许生产、经营和使用的食品添加剂必须是《食品添加剂使用卫生标准》所列的品种。若要生产、经营或使用未列入该标准的品种必须经食品添加剂标准化技术委员会审议通过后，报卫生部批准，并将其列入由卫生部制定发布的《食品添加剂使用卫生标准》。

(2) 严格控制食品添加剂的使用范围和使用量。根据被加工食品的理化性质、感观要求、营养学特征和主要食用对象不同，确定各种食品添加剂的使用范围。鉴于食品添加剂具有毒性，确定食品添加剂的使用量，必须经过食品安全性毒理评价，在该使用剂量范围内，人体长期摄入应无毒害作用。不得使用食品添加剂来掩盖食品的缺陷或作为伪造的手段；使用食品添加剂的食品不得有夸大或虚假的宣传内容；生产、经营和使用食品添加剂应严格遵守质量标准。进口食品添加剂，必须符合我国《食品添加剂使用卫生标准》，进口未列入其中的食品或进口食品中加入的食品添加剂不符合上述标准规定时，必须按有关卫生管理办法的规定报卫生部批准。

3. 禁止食品加药

“食品不得加入药物，但是按照传统既是食品又是药品的作为原料、调料或者营养强化剂加入的除外。”该条的含义有二：

(1) 食品不得加入药物。依《中华人民共和国药品管理法》规定，药品指用于治疗、预防、诊断个人疾病或计划生育，并规定有适应性、用法、用量的医药用品。食品中不得加入药物，目的在于界定食品与药品的区别，防止在食品中滥加药物，避免无病吃药，保护消费者健康；

(2) 几种例外。即按照传统既是食品又是药品的物品可以作为食品加入的，例如国务院卫生行政部门批准公布的刀豆、姜、枣、山药等69个物品；其次是作为调料加入食品的，其加入量较小，不会引起食品成分的明显变化；再次，含有或者本身就是允许使用的营养素，可以作营养强化剂加入食品，使用量和使用范围应当符合食品营养强化剂使用卫生标准。

4. 食品容器、包装材料、工具和设备的卫生规定

对接触食品的一些物品及生产这些物品的原材料的卫生作出了规定，不仅食品容器、包装材料和食品用工具、设备必须符合卫生标准和卫生管理办法的规定，而且生产这些物品的原材料也必须符合卫生标准，生产出来的产品应当便于清洗和消毒。

5. 食品卫生标准和管理办法的制定

食品卫生标准，是国家对各种食品、食品添加剂、食品用工具、容器、包装材料等提出的必须达到的卫生质量和卫生条件的客观指标的最低要求。它由一系列反映食品卫生质量，具有代表性的限制性指标组成。这些指标一般可分为以下四类：一是表示严重危害人体健康的指标，指致病性微生物及其毒素；二是表示对人体有一定威胁或危险意义的指标，这类指标的变化表明食品可能被污染以及污染的严重程度；三是间接反映食品卫生质量的指标；四是商品规格质量指标。目前食品卫生标准主要指前两类，所以食品卫生标准均为国家颁发的强制性标准。

(三) 食品卫生管理

食品卫生管理是指食品生产经营管理部门和食品生产经营企业所进行的自身卫生管理。

1. 卫生管理的组织机构

该法规定，各级人民政府的食品生产经营管理部门应当加强

食品卫生管理工作，并对执行本法情况进行检查；食品生产经营企业应当健全本单位的食品卫生管理制度，配备专职或者兼职食品卫生管理人员，加强对所生产经营食品的检验工作。

2. 卫生管理的主要内容

(1) 防止生产经营环境对食品的污染。因此，食品生产经营企业的新建、扩建、改建，从设计到建设都要符合卫生要求，这是发放卫生许可证的前提。为防止和消除食品污染，保证食品卫生，该法第19条对此作出了规定。

(2) 加强对食品新资源、食品添加剂等的新品种使用的管理，规定了按照食品卫生标准的申请、审批的程序。

(3) 对食品、食品添加剂的标识或者产品说明书、必须具有法定的事项，内容要真实，标识要清楚。

(4) 对食品等，不经检验合格不准出厂销售。为促进企业提高管理水平，防止不合格的产品出厂，保证消费者适用安全。

(5) 对食品生产经营人员实行健康检查制度。凡患有痢疾、伤寒、病毒性肝炎等消化道传染病（包括病原携带者)、活动性肺结核、化脓性或者渗出性皮肤病以及其他有碍食品卫生疾病的，不得参加或接触直接入口食品的工作，食品生产经营人员每年必须进行健康检查、新参加工作和临时参加工作的食品生产经营人员必须进行健康检查，取得健康证明后方可参加工作。

(6) 实行卫生许可制度，未取得许可的，不得从事食品生产经营。

(7) 加强对食品市场、城乡集市贸易的食品卫生管理，明确管理责任。

(8) 进口食品、食品添加剂等，由口岸进口食品卫生监督检验机构进行卫生监督、检验；检验合格的，海关才予以放行，在国内市场上则依法统一进行监督管理。

(9) 出口食品由国家商检机构进行卫生监督、检验。

第二节 相关条例

一、野生植物保护条例

(一) 野生植物

野生植物，是指原生地天然生长的珍贵植物和原生地天然生长并具有重要经济、科学研究、文化价值的濒危、稀有植物。

药用野生植物和城市园林、自然保护区、风景名胜区内的野生植物的保护，同时适用有关法律、行政法规。

(二) 主管部门

国务院林业行政主管部门主管全国林区内野生植物和林区外珍贵野生树木的监督管理工作。国务院农业行政主管部门主管全国其他野生植物的监督管理工作。

国务院建设行政部门负责城市园林、风景名胜区内野生植物的监督管理工作。国务院环境保护部门负责对全国野生植物环境保护工作的协调和监督。国务院其他有关部门依照职责分工负责有关的野生植物保护工作。

县级以上地方人民政府负责野生植物管理工作的部门及其职责，由省、自治区、直辖市人民政府根据当地具体情况规定。

(三) 野生植物保护

1. 国家重点保护野生植物分为国家一级保护野生植物和国家二级保护野生植物。

2. 地方重点保护野生植物，是指国家重点保护野生植物以外，由省、自治区、直辖市保护的野生植物。地方重点保护野生植物名录，由省、自治区、直辖市人民政府制定并公布，报国务院备案。

3. 在国家重点保护野生植物物种和地方重点保护野生植物物种的天然集中分布区域，应当依照有关法律、行政法规的规定，建立自然保护区；在其他区域，县级以上地方人民政府野生植物行政主管部门和其他有关部门可以根据实际情况建立国家重点保护野生植物和地方重点保护野生植物的保护点或者设立保护标志。

4. 野生植物行政主管部门及其他有关部门应当监视、监测环境对国家重点保护野生植物生长和地方重点保护野生植物生长的影响，并采取措施，维护和改善国家重点保护野生植物和地方重点保护野生植物的生长条件。

（四）野生植物管理

野生植物行政主管部门应当定期组织国家重点保护野生植物和地方重点保护野生植物资源调查，建立资源档案。

禁止采集国家一级保护野生植物。因科学研究、人工培育、文化交流等特殊需要，采集国家一级保护野生植物的，必须经采集地的省、自治区、直辖市人民政府野生植物行政主管部门签署意见后，向国务院野生植物行政主管部门或者其授权的机构申请采集证。

采集国家二级保护野生植物的，必须经采集地的县级人民政府野生植物行政主管部门签署意见后，向省、自治区、直辖市人民政府野生植物行政主管部门或者其授权的机构申请采集证。

采集城市园林或者风景名胜区内的国家一级或者二级保护野生植物的，须先征得城市园林或者风景名胜区管理机构同意，分别依照规定申请采集证。野生植物行政主管部门发放采集证后，应当抄送环境保护部门备案。

禁止出售、收购国家一级保护野生植物。出售、收购国家二级保护野生植物的，必须经省、自治区、直辖市人民政府野生植物行政主管部门或者其授权的机构批准。

野生植物行政主管部门应当对经营利用国家二级保护野生植物的活动进行监督检查。

外国人在中国境内对国家重点保护野生植物进行野外考察的，必须向国家重点保护野生植物所在地的省、自治区、直辖市人民政府野生植物行政主管部门提出申请，经其审核后，报国务院野生植物行政主管部门或者其授权的机构批准；直接向国务院野生植物行政主管部门提出申请的，国务院野生植物行政主管部门在批准前，应当征求有关省、自治区、直辖市人民政府野生植物行政主管部门的意见。

外国人不得在中国境内采集或者收购国家重点保护野生植物。

二、国家绿色食品标准相关知识

绿色食品是遵循可持续发展原则，按照特定的生产方式生产，经专门机构认定，许可使用绿色食品商标标志的，无污染的安全、优质、营养类食品。绿色食品分为 A 级和 AA 级。AA 级绿色食品等同于有机食品（出自农业部发布的国家行业标准）。

绿色食品标准以全程质量控制为核心，由以下 6 个部分构成：

（一）绿色食品产地环境质量标准，即《绿色食品产地环境质量标准》

制定这项标准的目的，一是强调绿色食品必须产自良好的生态环境地域，以保证绿色食品最终产品的无污染、安全性；二是促进对绿色食品产地环境的保护和改善。

绿色食品产地环境质量标准规定了产地的空气质量标准、农田灌溉水质标准、渔业水质标准、畜禽养殖用水标准和土壤环境质量标准的各项指标以及浓度限值、监测和评价方法。提出了绿色食品产地土壤肥力分级和土壤质量综合评价方法。对于一个给定的污染物在全国范围内其标准是统一的，必要时可增设项目，适用于绿色食品（AA级和A级）生产的农田、菜地、果园、牧场、养殖场和加工厂。

（二）绿色食品生产技术标准

绿色食品生产过程的控制是绿色食品质量控制的关键环节。绿色食品生产技术标准是绿色食品标准体系的核心，它包括绿色食品生产资料使用准则和绿色食品生产技术操作规程两部分。

绿色食品生产资料使用准则是对生产绿色食品过程中物质投入的一个原则性规定，它包括生产绿色食品的农药、肥料、食品添加剂、饲料添加剂、兽药和水产养殖药的使用准则，对允许、限制和禁止使用的生产资料及其使用方法、使用剂量、使用次数和休药期等作出了明确规定。

绿色食品生产技术操作规程是以上述准则为依据，按作为种类、畜牧种类和不同农业区域的生产特性分别制定的，用于指导绿色食品生产活动，规范绿色食品生产技术的技术规定，包括农产品种植、畜禽饲养、水产养殖和食品加工等技术操作规程。

（三）绿色食品产品标准

该标准是衡量绿色食品最终产品质量的指标尺度。它虽然跟普通食品的国家标准一样，规定了食品的外观品质、营养品质和卫生品质等内容，但其卫生品质要求高于国家现行标准，主要表现在对农药残留和重金属的检测项目种类多、指标严。而且，使用的主要原料必须是来自绿色食品产地的、按绿色食品生产技术操作规程生产出来的产品。绿色食品产品标准反映了绿色食品生产、管理和质量控制的先进水平，突出了绿色食品产品无污染、安全的卫生品质。

（四）绿色食品包装标签标准

该标准规定了进行绿色食品产品包装时应遵循的原则，包装材料选用的范围、种类，包装上的标识内容等。要求产品包装从原料、产品制造、使用、回收和废弃的整个过程都应有利于食品安全和环境保护，包括包装材料的安全、牢固性，节省资源、能源，减少或避免废弃物产生，易回收循环利用，可降解等具体要求和内容。

绿色食品产品标签，除要求符合国家《食品标签通用标准》外，还要求符合《中国绿色食品商标标志设计使用规范手册》规定，该《手册》对绿色食品的标准图形、标准字形、图形和字体的规范组合、标准色、广告用语以及在产品包装标签上的规范应用均作了具体规定。

（五）绿色食品贮藏、运输标准

该项标准对绿色食品贮运的条件、方法、时间作出规定。以保证绿色食品在贮运过程中不遭受污染、不改变品质，并有利于环保、节能。

（六）绿色食品其他相关标准

包括“绿色食品生产资料”认定标准、“绿色食品生产基地”认定标准等，这些标准都是促进绿色食品质量控制管理的辅助标准。

以上6项标准对绿色食品产前、产中和产后全过程质量控制技术和指标作了全面的规定，构成了一个科学、完整的标准体系。

绿色食品符合的主要要求：

1. 原料要求

绿色食品的主要原料来自绿色食品产地，即经过绿色食品环境监测证明符合绿色食品环境质量标准，按照绿色食品生产操作规程生产出来的产品。对于某些进口原料，例如果蔬脆片所用的棕榈油、生产冰淇淋所用的黄油和奶粉，无法进行原料产地环境检测的，经中国绿色食品发展中心指定的食品监测中心按照绿色食品标准进行检验，符合标准的产品才能作为绿色食品加工原料。

2. 感官要求

包括外形、色泽、气味、口感、质地等。感官要求是食品给予用户或消费者的第一感觉，是绿色食品优质性的最直观体现。绿色食品产品标准有定性、半定量、定量标准，其要求严于非绿色食品。

3. 理化要求

这是绿色食品的内含要求，它包括应有成分指标，如蛋白质、脂肪、糖类、维生素等，这些指标不能低于国际标准；同时它还包括不应有的成分指标，如汞、铬、砷、铅、镉等重金属和六六六、DDT等国家禁用的的农药残留，要求与国外先进标准或国际标准接轨。

4. 微生物学要求

产品的微生物学特征必须保持，如活性酵母、乳酸菌等，这是产品质量的基础。而微生物污染指标必须加以相当或严于国标的限定，例如菌落总数、大肠菌群、致病菌（金黄色葡萄球菌、乙性链球菌、志贺氏菌、及沙门氏菌）、粪便大肠杆菌、霉菌等。

思 考 题

1. 订立合同的程序?
2. 合同效力的类型?
3. 消费者的权利?
4. 经营者的义务?
5. 生产者的产品质量义务?
6. 产品造成人身伤害的赔偿范围?
7. 野生动物的范围?
8. 食品卫生要求?
9. 保险合同的订立程序?
10. 野生植物?
11. 绿色食品标准?

参考文献:

王春平等主编:《经济法学》,中国农业出版社,2003 年 7 月版。

第五章 安 全 卫 生

安全生产，包括安全食品生产、运输工具及机械设备的安全使用，用电、防火、防盗、报警、补救，农业环境保护知识。“民以食为天”，膳食是人类社会生存发展的第一需要。膳食不卫生，不安全，是百病之源。运输工具及机械设备的安全使用是农副产品的储运过程中极其重要的环节，既保证货物安全、质量，又保证人身安全。在农副产品储运过程中还有许多需要注意的安全环节，即用电、防火、防盗、报警、补救等。农业环境包括土地、用水、大气、光等因素，以及农业生产者劳动和生活的场所(农区、林区、牧区等)。高质量的安全环境，才能有高质量的安全的农副产品。

第一节 安全农产品生产

农产品的安全性是与人们日常生活密切相关的。人们上街购买鱼、肉、禽、蛋、牛奶等鲜活产品，总要查看一下是否有腐败、异味或病虫污染。在食品店的柜台上，印有“不含添加剂”、“纯天然”、“绿色食品”、“有机食品”等标志的商品，特别吸引消费者的注意。尽管如此，食用农产品安全性问题还是经常发生，特别是我国进入世界贸易组织后，对我国农畜产品出口提出比较苛刻的要求。因此，食用农产品安全性就显得尤为重要。

一、安全农产品生产的概念

（一）安全和安全性

安全：安全是指一种物质（包括化学的和生物的）在规定的使用方式、用量和通常使用条件下，对人体健康不产生任何损害，即不引起急性、慢性中毒或损伤，亦不至于对接触者（包括老、弱、病、幼和孕妇）及后代产生潜在的危害。

安全性：安全性是指有毒物质或有害生物在特定条件下不引起机体出现损害效应的机会。

（二）安全食用农产品

农产品根据其使用目的，可分为食用农产品和非食用农产品。食用农产品可归为食品的范畴。根据1996年世界卫生组织（WHO）的定义，食品安全是对食品按其原定用途进行制作和食用时不会使消费者受害的一种担保，它主要是指在食品的生产和消费过程中没有达到危害程度一定剂量的有毒、有害物质或因素的加入，从而保证人体按正常剂量和以正确方式摄入这样的食品时不会受到急性或慢性的危害，这种危害包括对摄入者本身及其后代的不良影响。

安全食用农产品指经市级以上安全食品办公室认定产品或产品原料的产地符合安全食品生态环境标准严格遵循安全食品生产技术操作规程，产品符合安全食品质量和卫生标准，无污染、安全、优质、营养的食品。

（三）安全食用农产品的生产

国家标准委已将无公害农产品、绿色农产品和有机农产品同时列入《全国农业标准2003—2005年发展计划》中，今后3年，将制定出一系列无公害农产品、绿色农产品和有机农产品的国家标准。

1. 有机农产品

有机农产品是根据有机农业和有机食品生产、加工标准，而生产加工出来的经过授权的有机食品颁证组织颁发给证书供人们食用的一切食品称做有机食品。包括谷物、蔬菜、水果、饮料、奶类、禽畜产品、调料、油类、蜂蜜等。有机食品是一类真正无污染、纯天然、高品味、高质量的安全食品。

有机农产品与其他农产品的区别：有机农产品在生产加工过程中禁止使用农药、化肥、激素等人工合成物质，并且不允许使用基因工程技术；其他农产品则允许有限使用这些物质，并且不禁止使用基因工程技术。

有机农产品在土地生产转型方面有严格规定。考虑到某些物质在环境中会残留相当一段时间，土地从生产其他农产品到生产有机农产品需要2—3年的转换期，而生产绿色农产品和无公害农产品则没有土地转换期的要求。

有机农产品在数量上须进行严格控制，要求定地块、定产量，其他农产品没有如此严格的要求。

2. 绿色农产品

绿色农产品系指经专门机构认定，许可使用绿色食品标志的无污染的安全、优质、营养食品。

(1) 绿色食品必须同时具备4个条件：第一，产品或原料产地必须符合绿色食品生态环境质量标准；第二，生产加工必须符合绿色食品生产技术规程；第三，产品必须符合绿色食品质量标准和卫生标准；第四，包装、储运必须符合绿色食品包装储运标准。

(2) 绿色食品与普通食品相比有3个显著特点：①强调产品

出自良好生态环境；②对产品实行“从土地到餐桌”全程质量控制；③对产品依法实行统一的标志与管理。

(3) 绿色食品的分级

一是A级绿色食品

系指在生态环境质量符合规定标准的产地，生产过程中允许限量使用限定的化学合成物质，按特定的生产操作规程生产、加工，产品质量及包装经检测、检查符合特定标准，并经专门机构认定，许可使用A级绿色食品标志的产品。

二是AA级绿色食品（等同有机食品）

系指在生态环境质量符合规定标准的产地，生产过程中不使用任何有害化学合成物质，按特定的生产操作规程生产、加工，产品质量及包装经检测、检查符合特定标准，并经专门机构认定，许可使用AA级绿色食品标志的产品。

表6-1　　AA级和A级绿色食品的比较

项　目	AA级绿色食品	A级绿色食品
环境评价	采用单项指数法，各项数据均不得超过有关标准	采用综合指数法，各项环境监测的综合污染指数不得超过1
生产过程	生产过程中禁止使用任何化学合成肥料、化学农药及化学合成食品添加剂	生产过程中允许限量、限时间限定方法使用限定品种的化学合成物质
产　　品	各种化学合成农药及合成食品添加剂均不得检出	允许限定使用的化学合成物质的残留量仅为国家或国际标准1/2，其他禁止使用的化学物质残留不得检出
包装标识 标志编号	标志和标准字体为绿色，底色为白色，防伪标签的底色为蓝色，标志编号以双数结尾	标志和标准字体为白色，底色为绿色，防伪标签底色为绿色，标志编号以单数结尾

3. 无公害农产品

无公害农产品，是指产地生态环境清洁，按照特定的生产技术规程，将有毒有害物质控制在规定标准内，并由授权部门审定批准，允许使用无公害农产品标志的安全、优质、面向大众消费的初级农产品及其加工产品。

无公害农产品允许限量、限品种、限时间使用化肥、农药，但在产品上市时，不得检测出超标的化肥、农药残留物。广义的无公害农产品也包括绿色食品和有机食品等。

目前，有些地方把有机食品与绿色食品混为一谈，其实这是不正确的。有机食品既不同于一般食品，也不同于绿色食品。在粮油、油料、果品、蔬菜、畜禽、水产等的加工过程中，必须完全不使用任何人工合成的化肥、农药和添加剂，并经有关颁证组织检测，确认为纯天然、无污染、安全营养的食品方可称为“有机食品”，也可称为“生态食品”。而绿色食品在生产过程中，尚可使用化肥、低毒农药和添加剂等化学产品。两者标准不一样。

按照国家有关食品生产的卫生、安全质量等规范、办法和法规等组织生产，其产品对消费者生命健康不产生任何危害，这就是安全食品生产，如有机食品的生产和绿色食品的生产。

二、食品标准内容

（一）食品标准必须规定的内容

1. 食品卫生标准必须规定的内容

我国食品卫生标准是国家授权卫生部统一制定的。标准的内容可以分为感官指标、理化指标和微生物指标 3 个部分。感官指标一般规定食品的色泽、气味和组织形态，理化指标和微生物指标内容的较多。但并非所有的卫生标准都有 3 项指标，有的卫生标准只有理化指标，而无感官和微生物指标，如《食品中总砷允许量标准》。

食品卫生标准除规定以上内容外，还规定相应指标的检测方法。目前为止，检测方法已逐步形成标准，在食品卫生标准的制定中引用。

2. 食品产品标准必须规定的内容

食品产品标准内容较多，一般包括范围、引用标准、相关定义、原辅材料要求、感官要求、理化指标、微生物指标、检验方法、检验规则、标志、包装、运输和贮存。

食品产品的保质期要求，包括在产品标准的贮存规定之中。各种不同的食品产品，有不同的保质期要求，没有统一的规定。但并非所有食品都必需标注保质期，一些可以长期贮存的食品，如味精、食盐就可以不在标签上标注保质期。在保质期内，生产企业应保证产品是合格的。不论是理化指标还是微生物等指标，在保质期内均应符合其产品标准要求。

3. 其他食品标准

食品工业基础及相关标准、食品包装材料及容器标准和食品添加剂标准中规定的内容与食品卫生标准及产品标准基本相仿。但食品检验方法标准不同，它主要规定检测方法的过程，使用的仪器及化学试剂；各类食品卫生管理办法也不同于一般标准的格式，虽然作为标准形式，但内容上主要是文字叙述的条款，结合《中华人民共和国食品卫生法》实行对各类食品进行卫生监督管理。

（二）有机农产品执行的标准

有机农产品执行的是国际有机农业运动联盟（IFOAM）的“有机农业和产品加工基本标准”，由于有机农产品在我国尚未形成消费群体，产品主要用于出口，虽然我国也发布了一些有机农产品的行业标准，但我国的有机农产品执行的标准主要是出口国要求的标准。目前，欧盟、美国、日本、澳大利亚、加拿大、墨西哥、阿根廷、韩国等都已制定了有机农业及产品生产、加工准则性的标准。有机农产品的标准集中在生产加工和储运技术条件方面，无环境和产品质量标准。

IFOAM 制定的有机农业的国际基本标准：

1. 前提条件

①凡标上“有机”标签的产品，生产者和农场必须属 IFOAM 成员。②不属于 IFOAM 的个体生产者不可以声明他们是按 IFOAM 标准进行生产的。③IFOAM 标准包括农场审查和颁证方案的建议。

2. 目标（即基本标准的框架）

(1) 生产足够数量具有高营养的食品。

(2) 维持和增加土壤的长期肥力。

(3) 在当地农业系统中尽可能利用可再生资源。

(4) 在封闭系统中尽可能进行有机物质和营养元素方面的循环利用。

(5) 给所有的牲畜提供生活条件，使它们按自然的生活习性生活。

(6) 避免由于农业技术带来的所有形式的污染。

(7) 维持农业系统遗传基质的多样性，包括植物和野生物生活环境的保护。

(8) 允许农业生产者获得足够的利润。

(9) 考虑农业系统较广泛的社会和生态影响。根据上述框架各国组织必须要制定发展自己的标准。

3. 采用的方法和技术可采用遵循自然生态平衡的某些技术，强调指出禁止使用农用化学品，例如合成肥料，杀虫剂等。

4. 如何使产品成为有机产品？原来不是有机产品，可进行转换，让其变为有机产品，在一定时期内按标准要求进行转换，由每个有机农业颁证机构确定转换过程的时间，并定期（每年）进行评价，转换计划包括：

（1）增强土地肥力的轮作制度。

（2）适当的饲料计划（养殖业）。

（3）合适的肥料管理方法（种植业）。

（4）建立良好环境，以减少病虫害转换周期时间，如果产品在两年之内满足所有标准则第三年可作为有机产品出售，对种植业强调如下几方面：①环境条件（由颁证组织审查无污染）。②作物品种选，应选适应当地土壤气候对病虫有抵抗能力的品种。③实施轮作（包括豆科作物）。④肥料政策：（例如：有机肥返回土壤，保持土壤肥力。禁止焚烧稻草，氮肥必须是有机的、颁证组织应对产品的硝酸盐含量加以限制，引进的肥料要审查，人类要防治病虫害等。⑤害虫管理：要保护天敌，提倡生物综合防治，禁止使用合成杀虫剂。⑥杂草的处理：用预防栽培技术来防治，限制生长（例如：合理的轮作、种植绿肥，平衡的施肥管理等）使用物理除草方法，禁止使用除草剂，生长刺激剂。对养殖业、畜牧业强调：禁止使用饲料添加剂，生长素，开胃药，防腐剂等。

（5）在畜牧生产中禁止使用人工荷尔蒙和其他增产剂，从非有机农业组织购入的饲料不得超过10%—20%（根据牲畜种类而异）。此外，不得采取虐待牲畜的生产方式。

综合以上标准，概括起来强调一句话：禁止使用农用化学品，提倡用自然、生态平衡的方法从事农业生产和管理。

（三）绿色食品标准

1. 绿色食品产地环境质量标准

强调绿色食品必须产自良好的生态环境地域，以保证绿色食品最终产品的无污染、安全性；二是促进对绿色食品产地环境的保护和改善。

2. 绿色食品生产过程标准

绿色食品生产过程控制是绿色食品质量控制的关键环节，绿色食品生产过程标准是绿色食品标准体系的核心。绿色食品生产过程标准包括两部分：生产资料使用准则和生产操作规程。强调农药、肥料、兽药、水产养殖用药、食品添加剂和饲料添加剂的使用确保环境和食品不受污染，不影响人体健康。

3. 绿色食品产品标准

该标准是衡量绿色食品最终产品质量的指标尺度。它虽然跟普通食品的国家标准一样，规定了食品的外观品质、营养品质和卫生品质等内容，但其卫生品质要求高于国家现行标准，主要表现在对农药残留和重金属的检测项目种类多、指标严，突出了绿色食品产品无污染、安全的卫生品质。

(1) 原料要求

绿色食品的主要原料来自绿色食品产地，即经过绿色食品环境监测证明符合绿色食品环境质量标准，按照绿色食品生产操作规程生产出来的产品。

(2) 感官要求

包括外形、色泽、气味、口感、质地等。感官要求是食品给予用户或消费者的第一感觉，是绿色食品优质性的最直观体现。绿色食品产品标准有定性、半定量、定量标准，其要求严于非绿色食品。

(3) 理化要求

这是绿色食品的内含要求，它包括应有成分指标，如蛋白质、脂肪、糖类、维生素等，这些指标不能低于国际标准；同时它还包括不应有的成分指标，如汞、铬、砷、铅、镉等重金属和六六六、DDT等国家禁用的农药残留，要求与国外先进标准或国际标准接轨。

(4) 微生物学要求

产品的微生物学特征必须保持，如活性酵母、乳酸菌等，这是产品质量的基础。而微生物污染指标必须加以相当或严于国家标准的限定。

4. 绿色食品包装与标签标准

绿色食品的包装要求有较长的保质期、不带来二次污染、包装低成本、储藏运输方便、安全等。要求产品包装从原料、产品制造、使用、回收和废弃的整个过程都应有利于食品安全和环境保护。规定了绿色食品产品标签准图形、标准字形、图形和字体的规范组合、标准色、广告用语以及在产品包装标签上的规范。

5. 绿色食品贮藏运输标准

绿色食品贮藏必须遵循以下原则：贮藏环境必须洁净卫生，不能对绿色食品产品引入污染；选择的贮藏方法不能使绿色食品品质发生变化、引入污染；在贮藏中，绿色食品不能与非绿色食品混堆贮存；A级绿色食品与AA级绿色食品必须分开贮藏。

(四) 无公害农产品的国家标准和行业标准

2001年10月1日，国家质检总局颁布了8项《农产品安全质量》国家标准（编号 GB 18406.1—GB 18406.4，GB/T 18407.1—GB 18407.4)，分别为无公害蔬菜、水果、畜禽肉、水产品安全要求，无公害蔬菜、水果、畜禽肉、水产品产地环境要求。农业部目前已颁布实施了《无公害食品》农业行业标准（编号 NY（NY/T）5001—5073)。无公害农产品执行的是国家质检总局发布的强制性标准及农业部发布的行业标准。产品标准、环境标准和生产资料使用准则为强制性国家或行业标准，生产操作规程为推荐性行业标准。目前，国家质检总局和国家标准委已发布了4类农产品的8个强制性国家标准，农业部发布了200余项行业标准。

三、食品安全性评价

确保食品安全和人体健康，需要对食品进行安全性评价。食品安全性评价主要是阐明某种食品是否可以安全食用，食品中有关危害成分或物质的毒性极其风险大小，利用足够的毒理学资料确认物质的安全剂量，通过风险评估进行风险控制。食品安全性评价在食品安全性研究、监控和管理上具有重要的意义。

（一）主要内容和适用范围

该标准提供开展食品安全性毒理学评价的程序，它适用于评价食品生产、加工、保藏、运输和销售过程中使用的化学和生物物质以及在这些过程中产生和污染的有害物质，食物新资源及其成分和新资源食品，也适用于食品中其他的有害物质。

（二）安全性毒理学评价对受试物的要求

1. 生产部门需提供受试物（必要时包括杂质）的物理、化学性质（包括化学结构、纯度、稳定性等）。

2. 受试物应该符合既定生产工艺和配方，为规格化的产品，其纯度应与实际应用的相同。当需要检测高纯度受试物及其可能存在的杂质的毒性或进行特殊试验时可选用纯品，或用纯品及杂质分别进行毒性检测。

四、安全农产品加工过程中质量控制

控制农产品质量的监测工作是基于对食品成品的检测和实

验，具有一定的局限性，因为它仅仅检测一批产品中的一小部分，而这批产品中的某些不安全成品，可能被错过，未检出，从而得出了产品安全的错误判定。目前陆续推出的 GMP 和 HACCP 是保证食品安全的质量控制方法，在世界上已得到重视并在逐步推广应用。

GMP 反映了一般的管理指标，HACCP 是危险评价的客观方法。GMP 和 HACCP 系统的结合提供了一个质量管理系统的发展和贯彻的体制，具有后来的 ISO9000 的登记证，使食品安全性有了一定的保证。

（一）HACCP

HACCP 是英文 Hazard Analysis Critical Control Point 的缩写，即危害分析和关键控制点体系，是一种预防性的食品安全控制体系，其宗旨是减少或消除食品安全问题。美国国家食品微生物学标准咨询委员会将 HACCP 定义为：应用于食品生产中确保食品安全的一种系统方法。每一个生产企业都需要根据 HACCP 的基本原则和本身食品生产、加工、包装、运输及销售的要求来制定相应的 HACCP 系统，因此，HACCP 系统的具体化必须是由相应生产企业来完成的。

从本质上来说，HACCP 是一个识别和监测及其预防可能导致食品危害的体系，这些危害可能是影响食品安全的生物的、化学的、物理的因素，这种危害分析是建立关键控制点（CCPs）的基础。关键控制点是那些在食品的生产和处理过程中必须实施控制的任何环节、步骤或工艺过程，并且这种控制能使其中可能发生的危害得到预防、减少或消除，以确保食品安全。临界限值（CL）一定要以文件参数的形式确立，在关键点控制中一定要达到这些参数。在这一体系中还包括监测和验证程序以消除潜在危害出现的风险。

HACCP体系是一个建立在良好操作规范（GMP）和卫生标准操作规程（SSOP）基础之上控制危害的预防性体系，它的主要控制目标是确保食品的安全性，因此它与其他的质量管理体系相比，将主要精力放在影响产品安全的关键点上，而不是在每一个步骤都放上同等的精力，这样在预防方面显得更为有效。

（二）ISO9000

ISO是国际标准化组织英文International Organization for Standarization首字母的缩写。ISO 9000体系指“由ISO/TC176技术委员会制定的所有国际标准”。国际标准化组织是由来自120个国家的国家标准机构组成的世界性机构，任务在于宣传标准的发展及协助国际货物与服务交换的相关活动，发展全球智能、科学、技术与经济活动的合作。1970年，国际标准化组织成立了认证委员会，即现在的合格评定委员会（CASCO）以指导国家、区域和国际认证制度的建立与发展。1980年，ISO成立质量管理和质量保证技术委员会，并于1986年发布第一个国际标准文本ISO8402。1987年，ISO发布了ISO9000质量保证系列标准，它的特点是规范化、程序化，强调企业的内部管理，每项具体工作都落实到人，并有严格的文字记录。

迄今为止，世界各地的质量标准化认证工作得到了迅猛发展，全球已有近90个国家将ISO9000转化为本国标准，76个国家采用了此标准开展了质量体系认证，美、英、德、日、法、加、俄和中国在内的30多个国家率先建立了质量体系认证机构国家认可制度。一些西方国家已经开始将企业是否进行过ISO9000认证作为它能否被认定为“合格供应商”的基本依据和条件。国际关贸总协定规定，必须把国际标准作为各种仲裁的依据，世界各国应把国际标准作为技术资源共同享有，把采用ISO9000作为推动技术进步，提高经济效益，繁荣出口创汇的技术政策。

我国各大中型企、事业单位为了提高自身形象和内部管理水平、促进本单位的质量控制体系与国际标准接轨、提高自身生存能力和市场竞争能力，也纷纷开展了ISO9000系列标准认证工作，走低成本、高质量、高效益的发展道路。

（三）GMP

GMP是英文Good Mannufacturing Practice的缩写，即良好操作规范，是美国首创的一种保障产品质量的管理体系。

食品GMP是一种食品安全和质量保证体系，其宗旨是在食品制造、包装和贮藏等过程中，确保有关人员、建筑、设施和设备均能符合良好的生产条件，防止食品在不卫生的条件下，或在可能引起污染或品质变坏的环境中操作，以保证食品安全和质量稳定。它的重点是：确认食品生产过程的安全性；防止异物、毒物、有害微生物污染食品；双重检验制度，防止出现人为的过失；标签管理制度；建立完善的生产记录、报告存档的管理制度。

（四）三者之间的关系

HACCP、ISO9000和GMP三者之间既有联系又有区别。其最终目的都在于保证产品的质量和安全，但侧重点不同，HACCP是食品行业中实施的一种全面、系统化的控制方法，它以科学为基础，对食品生产中的每个环节、每项措施、每个组分进行危害风险（即危害发生的可能性和严重性）的鉴定、评估，找出关键点加以控制，做到既全面又有重点。如今，HACCP系统已成为保证食品安全的最佳方法。ISO9000国际质量标准强调的是建立质量体系，因为质量体系是确保产品符合规定要求的保证，质量管理是在质量体系下运行的，没有质量体系也就不存在质量管理，而GMP主要以预防为主的质量和安全管理，从其基本内容看，无论是硬件改造还是软件管理都体现了预防为主的原则。

第二节 运输工具及机械设备的安全使用

运输工具很多，对于农村常用的运输工具主要有卡车、拖拉机、船、牲畜车、人力车等。为了使农用运输车在城乡物资交流方面发挥更大的作用，以及用好、管好农用运输车和保证客货安全，驾驶员必须了解运输车的有关安全、使用、保养、存放等方面的常识。

一、运输车的安全使用

（一）使用安全规则

农用运输车主要用于乡镇间的公路运输，而乡镇公路质量较差，环境复杂，因此驾驶员的操作必须遵守下列有关机务安全规则：

1. 驾驶员必须对工作认真负责，熟知使用要求和规定，懂得构造原理，做到全面掌握，安全操作，熟练运用，确保运输车正常技术状态下工作。

2. 起动前必须检查油、水、轮胎气压；检查各部位紧固状况，特别是半轴套管、箱体、车架、各轮毂等连接处的紧固情况。

3. 起动后，检查发动机和变速、转向、离合、制动、油门等操纵系统工作情况及喇叭是否正常，尤其是离合器分离的彻底性和制动的可靠性。

4. 行驶中，严禁熄火或空档滑行下坡和高速急转弯，不得在不良路面上高速行驶。

5. 严禁在运输车行驶中或发电机工作时进行检查和调整。

6. 柴油机“飞车”时，要立即熄火（停止供油或封闭进气管或打开减压装置）。

7. 拖挂拖车运行时，不得超速行驶。拖车与运输车必须挂接可靠，必须能同时制动。

8. 如果需要翻起车箱进行维修保养时，必须将撑竿撑牢。

9. 晚间行车，应确保照明系统完好可靠。

10. 新车及大修后的车，必须按规定进行磨合后方可进行正常负荷运输。

11. 自卸车车厢严禁载人。

12. 严格遵守交通规则，严禁非驾驶员开车。

（二）运输车的安全使用

1. 出车前的准备工作

（1）检查各部件紧固是否可靠。

（2）检查冷却水和燃油量是否满足要求，不足予以补足。

（3）检查发动机中润滑油和变速箱油是否足够。

（4）检查蓄电池电极柱接线及其他导线有无松动。

（5）检查离合器踏板、制动踏板和转向盘的自由行程是否正常。

（6）检查轮胎气压是否正常。

（7）检查灯系工作是否正常。

（8）检查随车工具是否齐全。

2. 发动机的起动

（1）起动前的准备

①按照每班技术保养项目进行检查，按规定加足燃油、润滑

油和冷却水。

②将变速杆置于空档位置。

③自卸车应检查自卸车箱与车架是否插上安全销。

④自卸车将液压操纵手柄置于下降位置。

⑤当手摇起动时，至于油门于适合位置。

⑥检查转向及制动可靠情况。

(2) 正常起动

①将钥匙插入电门开关至起动位置，然后踏下油门踏板。

②旋转起动开关，接通起动电路，起动电机带动发动机运转。发动机起动后，应立即松开起动开关，并将钥匙旋转至原位置。起动时，起动电机连续工作时间不能超过5分钟。若发动机不能起动，应间歇2分钟后再次起动。如连续3次起动都失败，应仔细检查，找出故障原因，待排除后再起动。

③松开油门踏板，使发动机怠速运转3—5分钟，然后逐渐增高转速，待水温升至50—55℃后，才能起步。

④若在冬季起动（一般指环境温度低于8℃,）应该用60—80℃热水加入冷却系以提高机体温度，一次不够，可反复进行多次。当环境温度低于-5℃时，将加热到80℃的机油加入曲轴箱内。同时，应将电门开关钥匙置于预热位置，并预热30—60秒后，方能起动。若无预热装置，可先不加油门，而减压空转几分钟后，·待曲轴箱机油变稀后再加大油门起动。

(3) 特殊情况下，可采用手摇起动

①将手油门拉出，左手操纵减压开关，用右手转动插入发动机起动轴中的摇把。

②逐渐加快摇把转动速度，当转速最高时，放开减压开关，发动机即可起动。

3. 运输车的起步

（1）松开制动操纵杆，然后踏下离合器踏板，将变速杆挂到所需要的档位。

（2）按喇叭，同时注意车的前后左右情况。

（3）平缓地松开离合器踏板，使车平稳起步。

4. 运输车的换档变速

（1）踏下离合器踏板，使离合器处于分离状态。

（2）将变速杆档退到空挡后再推入所需档位。换档时注意：增速时应由低速档逐步增至高速档。如一次挂不上档，应使离合器结合，随后分离，再挂档，严禁多次冲击强行挂档。

换档时应采用两次离合动作，即由低档变高档时，先踏下离合器踏板，松开油门踏板，将变速杆有低档换入空档，然后放松离合器踏板，随即又踏下离合器踏板，再换入高一档位；由高档换低档时，先踏下离合器踏板，并松开油门踏板，将变速杆由高档换入空档，然后放松离合器踏板，再迅速踏一下油门踏板后，再分离离合器，换入低一档位。

（3）平顺地放松离合器踏板。

（4）车不停稳，不得挂倒档。

5. 运输车转弯

车辆转弯时，需先拨动转向开关后方向标灯，以示转弯方向，然后再操纵方向盘转弯。

6. 运输车的制动

将离合器踏板迅速踏下，使离合器彻底分离，同时踏下制动踏板。当需要在坡道上停车时，踏下制动踏板后，将手制动手柄拉至制动位置。有的车具有棘齿板，则可在踏下制动踏板后，使其卡在棘齿板内，以保持制动踏板固定在制动位置上。

7. 停车

（1）减小油门，降低车速。

（2）踏下离合器踏板，挂空档。

（3）松开离合器踏板，使发动机怠速空转。

（4）按下手油门，发动机熄火。

（5）将手制动杆置于制动位置。

（6）冬季停放，应注意防冻。

8. 驾驶时注意事项

（1）注意各仪表指示是否正常，经常注意发动机及其他各部件工作时有无杂音。若不正常，应立即停车检查。

（2）应低档起步，不得急速挂高档，否则摩擦片易因过热而烧坏。要由低档逐步换高档。

（3）离合器分离要彻底，接合要平稳。在行驶中，驾驶员的脚不可放在离合器踏板上，也不得用半接合离合器的办法来降低车速。

（4）行驶时应逐渐加速，避免将油门一下踏到底的猛烈动作。

（5）路面情况不好，应低速行驶，尽量避免剧烈振动。

（6）避免发动机经常超负荷工作（冒黑烟）。

（7）刹车制动时应同时踏下离合器踏板，原则上不得单独踏制动踏板。

（8）下坡时不能高速行驶，不允许分离离合器或挂空档滑行，以免造成危险。

（9）转弯时减小油门，严禁高速急转弯。

（10）倒车时应从驾驶室后窗了解车后面情况，并且要鸣喇叭。

（11）操纵液压自卸手柄时应敏捷正确，轻扳快推，不准停滞在各过渡。每当手柄推动所需位置后，应立即放手。

二、如何才能把机械设备做成安全的机械设备

我们必须从以下几个方面去进行工作：

1. 首先对设备的结构、适用环境去分析其危险存在的可能，进行风险分析和评估；

2. 从设计角度上尽可能的减小风险；

3. 通过设计不能适当的避免或充分限制的危险，应采用安全防护装置（防护装置、安全装置）对人们加以防护；

4. 通过使用信息规定机器的预定用途，并应包括保证安全和正确使用机器的各项说明、各项警示、各项提示、各项禁止的信息，对专业和（或）非专业的使用者都是一个指导作用；

5. 同时还对采取上述措施后的附加风险采取措施加以克服；

6. 对于用户而言，也要进行培训和提供必要的个人防护，建立必要的安全监督制度。

三、机器的安全性的含义

经过CE认证的产品必须是安全的。机器的安全性是指机器在使用说明书规定的预定使用条件下（有时在使用说明书中给定的期限内）执行其功能和在运输、安装、调整、维修、拆卸和处理时不产生损伤或危害健康的能力。

四、机器的安全功能

机器的安全功能是指机器及其零部件的某些功能是专门为保证安全而设计的，它主要分为主要安全功能和辅助安全功能两大

类：

主要安全功能是指出现故障会立即增加伤害风险的机器功能。主要安全功能又分为特定安全功能和相关安全功能两种。

特定安全功能：通过预期达到特定安全的主要安全功能。例如：防机器的意外起动的功能（这种功能一般都是通过与防护装置联用的连锁装置来实现），单循环功能，双手操纵功能。

相关安全功能：除特定安全功能以外的主要安全功能。例如：机器进行设定时，通过旁路（或抑制）安全装置（使其不起作用），对危险机构的手动控制功能，保持机器在安全运行限制中的速度或温度控制的功能等。

辅助安全功能是指这种功能出现时不会立即增加或产生危险，而会降低安全程度的机器功能。作为辅助的安全功能的明显例子如，对某种主要安全功能的自动监控功能。但自动监控功能发生故障是不会马上产生危险，因为主要安全功能还能起作用，除非主要安全功能也同时出现故障。配置辅助安全功能的目的就是为了预防主要安全功能万一出现故障，如采取相应的防范措施。若辅助安全功能不起作用了，就等于少了一道防线，降低了安全程度。

第三节　用电、防火、防盗、报警、补救

一、用电

随着农业电气化事业的不断发展，农村无电村屯逐渐减少，越来越多的边远地区及山区都用上了电，电已经在农村经济发展中起着越来越大的作用。随着乡镇企业的兴起和不断发展，电力

就越来越成为不可缺少的动力源，农村安全用电就显得尤为重要。

目前，农村发生触电事故的次数较多，大多数原因是：广大农民安全用电知识不足，不能正确与合理安装、使用、维修电器设备，致使国家财产造成严重损失和人身伤亡。

农村由于缺乏专业电工，安装电气设备时往往是由非专业电工完成，不能按着用电安全要求去做。如有的地方采用一线一地电等，当有人无意中碰触到接地极时，电流就会通过人体入地，发生触电事故。尤其在农忙季节，有些用电设备，如水泵要随时移动灌溉，这时需要接临时线路，临时线路如架设得离地面较近，就容易让外界物体碰破电线外皮，人走近就会触电。还有些农民乱用电来捕鱼，也会发生触电事故。总之，由于农村用电的特定条件和环境，容易发生触电事故，因此必须加强防治触电措施，深入普及用电安全知识。

二、触电及触电急救

触电，就是电流向水一样，从人的身体流过。当人碰到带电体时，电流通过人体流向大地（或另一根火线）形成回路。如果没有形成回路，没有电流，人就不会触电。

人触电后可能身体会受到伤害，也就是内伤，人们称之为电击；如果是外伤，人们称之为电伤。

（一）电击

人直接接触到电气设备的带电部分，电流流过人的身体，当电流达到一定数值后，就会使肌肉发生抽筋现象，如果不能立刻脱离电源，就会使肺停止呼吸，心肌失去强有力的收缩跳动，导致心脏的心室颤动，破坏心脏正常的“血泵”功能，好像水泵失去打水的功能一样。这时，全身的血液循环停止，脑组织缺氧后，在10—15分钟内就会失去知觉，几分钟后，神经细胞开始麻痹，继而死亡。

（二）电伤

是人体触电后皮肤的局部受伤，按触电的情况不同可分为灼伤、烙印和皮肤金属化3种，这3种电伤的受伤程度不同。

1. 灼伤 是带电体电流的热效应而引起，灼伤后局部皮肤发红、起泡以及烧焦和组织破坏。

2. 烙印 是由电流的化学效应和机械效应所引起的，通常当人体和导电部分有良好接触的情况下，才会发生烙印。在皮肤表面留着圆形或椭圆形的肿块痕迹，痕迹的大小往往和所接触的导电体相同，颜色成灰色或淡黄色，并有明显的边缘，受伤皮肤硬化。

3. 皮肤金属化 是在电流作用下，是融化和蒸发的金属微粒渗入皮肤表面层。皮肤的伤害部分形成粗糙的坚硬表面，日久会逐渐剥落。

（三）触电受伤害的程度

触电后受伤害有轻有重，原因是受伤害程度与通过人体的电流大小、电压高低、电阻大小、时间长短、电流途径、人的体质状况等都有直接的关系。

与电流大小的关系：当1毫安电流通过人体时，有麻辣辣的感觉；10毫安时，感到难以忍受；20毫安时，肌肉受到刺激而收缩，长久通电会引起死亡；50毫安以上，即使时间短促，也有生命危险。

与电压高低的关系：电压越高越危险。一般称36伏以下为安全电压。超过36伏就有触电致死的危险。矿井下用的电灯，都是通过将变压器降到36伏的，所以工人能拿灯头工作，即使人触电，通过人体的电流也是安全电流，不会造成恶果。

与电阻大小的关系：人体的电阻个人不一，且随着人体出汗而阻值降低。电阻越大，电流越难流过。这样人出汗时触电危险性就越大。相反，人穿胶鞋又隔着绝缘物，如木地板等，电阻越大，电流越小，所以只是麻一下，危险小些。

与时间长短的关系：一般来说触电时间越长越危险。当人体触电后，在触电初期若不能迅速摆脱电源，随着时间增长，肌肉收缩能力很快下降，若无他人帮忙解脱电源，就会发生心力衰竭、窒息、昏迷、休克，继而死亡。因此，当发现有人触电后，应迅速解脱电源就地进行现场抢救。

与电流途径的关系：当人触电后，电流在人体内的走径有个特点，即是从最短的路径通过。若是左手触电，电流经过身躯内的心、肺在经左足入地，这时危险性最大的途径。其次是右手触电，电流通过身躯后在经右足入地，也是危险途径。若是双手中任何一只手触电，电流通过另一只手流出，电流通过肺、心脏，危险也很大。若是一只脚触电，电流通过另一只脚流出，危险也是同样有，但比上面3种途径要好些。总之，触电是危险事故，电流通过人体时间稍长些的话，无论哪种途径，都会造成死亡。

与人体质的关系：触电的人若患有心脏病、内分泌失调、肺病、精神病等，比起正常健康人触电死亡的危险性大，触电后也较难救活。另外，在触电前，若喝酒、疲劳过度、出汗多等，也会增加触电的伤害程度。

（四）触电后的急救

当发现有人触电时，应迅速将触电者脱离电源，如拉开电源开关或用干木棒或其他绝缘物使触电者离开带电的电线和电气设备。当跨步电压触电时，应设法将触电者拖出解除区，或断开高压线路开关。

当触电者脱离电源后，应立即进行就地抢救，并通知医务人员前来抢救。

抢救前，应查明触电者有无呼吸和心跳，触电很严重时，触电者会发生瞳孔开始放大的现象。对呼吸和心跳暂已停止者，应同时采用人工呼吸和心脏按摩法抢救；对于尚有心跳而无呼吸者，则只做人工呼吸。抢救中间不能停顿。如果要送医院，在途中也不能停止抢救工作。抢救往往需要很长时间，有时需要4—6小时。

三、防火、防盗、报警、补救

“预防为主，防消结合”是中国消防工作的方针。为了有效地预防火灾，各级公安消防机构都把依法实施消防监督管理作为重要的工作。

（一）对各类建筑工程进行监督管理

按照《消防法》的规定，各类建筑工程都必须按照国家建筑工程消防技术标准进行设计。建设单位应将有关消防设计图纸及有关资料报送当地公安消防机构审核批准、验收合格方可施工、投入使用。

（二）对易燃易爆危险物品实行监督管理

根据《消防法》规定，生产、储存和装卸易爆危险物品的工厂、仓库和专用车站、码头，必须设置在城市的边缘或者相对独立的安全地带。生产、储存、运输、销售或者使用、销毁易燃易爆危险物品的单位、个人，必须执行国家有关消防安全的规定。

（三）经常性的消防监督检查

各地消防机构除对辖区内的所有机关、团体、企业、事业单位定期不定期地巡视检查外，按照《消防法》规定，还把一些火灾危险性大的单位确定为“消防安全重点单位”，确定专门的防火监督员，定期进行监督检查。对检查发现的火灾隐患，及时通知采取措施限期改正。拒不改正的，依法予以处罚。为了保证各种建筑物内报警、喷水、防烟等系统设备的完好有效，消防部门已作出规定，实行由具备相应资格的单位定期检测维修的制度，检测维修情况向消防机构备案。

（四）对各种消防产品质量实施监督管理

根据《中华人民共和国产品质量法》、《消防法》的有关规定，进入中国市场的国内外消防产品应遵守消防产品市场的准入规则。即：凡已获得中国消防产品质量认证委员会颁发的产品质量认证证书，已取得公安部颁发的全国工业产品生产许可证证书，已刊入国家机械工业局、公安部当年颁布的全国汽车、民用改装车、摩托车和生产企业及产品目录，已经国家消防产品质量监督检验中心型式检验合格的国内外消防产品均可在中国市场销售。

承担市场准入产品质量检验任务的是四个国家级的消防产品质量监督检验中心。即：国家固定灭火系统和耐火构件质量监督检验中心；国家消防装备产品质量监督检验中心；国家消防电子产品质量监督检验中心；国家防火建筑材料质量监督检验中心。

（五）对有关人员开展培训考核

进行电焊、气焊等具有火灾危险的作业人员和自动消防系统的操作人员，必须经培训、考试合格后持证上岗。消防工程公司、消防设备检测维修公司的管理者和技术人员，必须经过消防考试、考核合格后才准许经营。

（六）电火的预防

1. 电线起火的原因

（1）新装的线路，电线选得太细；

(2) 在原有的线上，任意增加用电器，如有的利用照明线路烧电炉、加热电烙铁，使电流大大增加；

(3) 线路年久失修，绝缘损坏，发生严重的漏电或短路；

(4) 电线接头松动，接触电阻增大，使电线局部过热，从而把电线外面的绝缘层烧焦，甚至损失绝缘能力，造成短路，使电流大大超过电线的安全载流量；

(5) 保险丝选用不当，线路长期超负荷而不能使其熔断，这样必将烧坏绝缘层，引起火灾；

(6) 由于雷击，把变压器高低压线圈击穿，或因高压线圈击穿，或因高压线离低压线太近，被大风刮到一起，就是高压电顺着低压线进到各用户，而引起火灾。

2. 如何处理

发现电线起火时，必须保持镇定。首先要迅速拉开电源开关，切断电源。在组织现场人力和消防器材进行灭火的同时，迅速打电话报告消防部门。

(七) 防盗、报警及补救

仓储首层不但有安全防盗问题，在建筑设计中，凡是利于人攀爬到的部位，例如公共部位平台屋顶，临街、道路处部位的门窗均需要做安全防护。但对于飞檐走壁的高手来说，高层建筑也不是绝对安全。

1. 安全的封闭仓区，是安全保障的大前提。

2. 改善安全防护措施。但任何产品都不是绝对安全的。防盗门在一定时间内打不开，即视为合格。

能考虑到的办法推荐几种：

(1) 明装防护栏等设施。存在市容、物业等部门认可问题。另外安装此类防护栏，一定要考虑一旦火灾等意外情况，人员及仓储物品怎么运出去；

(2) 卷帘（格栅）、提拉折叠等金属护栏，可方便的升降或推拉使用。但要占用一定的空间和部位；

(3) 选用带安全防护设计的玻璃门窗：两层玻璃间夹有金属格栅；

(4) 外门窗部位增加探测报警装置，并且与安防中心连通；

(5) 选用套装 CG8800 型或 CG8800K 型报警器一套，主机跟电话线相连，如果出现警情，主机本地报警，并直接通过电话线拨到保安室或传达室或当地派出所（须经有关部门批准）。红外探测器可放置在仓库的主要通道，如果仓库的面积较大，可多配几个红外探测器，为防止火灾可选配离子烟感探测器。

第四节　农业环境保护知识

农业环境是指农业生物赖以生存和繁育、为人类提供足够的客观条件，包括土地、水体、大气、光和热以及这些自然因素的综合。农业环境是国家整体环境的重要组成部分，农业环境质量的好坏，直接影响整个国家的环境质量。农业生产对自然条件依赖性很大，因此，农业环境的好坏对农业生产起着决定性作用。由于传统农业生产对农业环境采取粗放式经营和管理，加之农业生产过程中缺少技术指导与国家相应的政策监控，造成农业生产中伴随的环境问题日益严重，已严重危害农村社会经济可持续发展。其主要表现在农业生产大量采用污水灌溉、化肥农药的过量施用、农用地膜的广泛使用以及水土流失范围扩大等方面。长期盲目施用化肥，破坏了土壤的结构，造成土壤与水体环境污染，直接影响农产品质量；不合理的农业生产方式造成土地退化日趋严重。据统计，由于长期过量施用化肥农药，造成土壤板结，地力下降，病虫害加剧，投资回报递减，农产品质量下降等一系列经济和环境问题。

一、水污染与防治

（一）中国水资源状况

我国人均水资源量不大，只相当于世界人均水资源占有量的1/4。我国是农业大国，农业用水占全国用水总量的绝大部分。到2003年底，全国有效灌溉面积约为8.38亿亩，全部耕地的有效灌溉面积占40.9%，一半以上的耕地得不到灌溉，因此不解决水资源的供给和节约使用问题，很难实现我国农业的可持续发展。

（二）水体污染

《中华人民共和国水污染防治法》指出："水污染是指水体因某种物质的进入，而导致水的物理、化学、生物或者放射性等方面特性的改变，从而影响水的有效利用，危害人体健康或者破坏生态环境，造成水质恶化的现象。"工业废水、城市生活污水、农业污水是水体的主要污染源。

（三）污灌对农业生产的影响

在我国，利用污水灌溉农田、菜地已有很长历史，但大规模地进行污灌是在解放后才发展起来的。由于水资源紧缺，一些城市和地区多年来一直用污水进行灌溉，尤其北方缺水地区，污水已成为农业生产的稳定水源。污水作为水肥资源对农业生产起着一定促进作用，同时也在一定程度上减轻了对江、河、湖、海水的污染。但是，随着我国工业的发展，工业废水在城市污水中所占的比重在逐年增加，不加任何处理的污灌方式在一些地区已造成严重后果。例如：①重金属污染，全国已有大面积农田遭受镉污染，其次还有汞、铬等污染。②有机有毒物污染，三氯乙醛的污染较为突出。③对地下水的污染，许多污灌区附近的浅层地下水酚、氰、苯并（α）芘的含量普遍提高，有的甚至超标。④对空气质量的影响，污灌区的空气臭气大、蚊、蝇、蛆虫较多。⑤农产品质量降低，污染一方面危害农作物生长、发育，造成减产；另一方面有害物质在农产品中累积，造成质量下降。⑥对人体健康造成危害，污灌区的居民，肝炎、心脑血管病、肺心病的死亡率均比对照区高。因此，农业生产如果想生产无公害农产品，必须在灌溉前对污水进行必要的处理。

（四）水污染防治

目前，对于城市生活污水和工业废水的处理通常是采用物理法、化学法、物理化学法和生物处理法等相结合的方法，即首先采用物理法去除大块垃圾及漂浮物质（如枯枝落叶等），然后再采用生物化学法依次去除悬浮固体、胶体物质及溶解性物质。通过这一流程，污水就可以达标排放。然而对于污灌而言，更方便、经济的处理办法是采用污水土地处理。它是在人工可控的条件下，将污水引入到土地上，通过土壤——植物系统自然地完成一系列物理、化学和生物净化过程，达到设计所要求的净化程度的一种污水处理方法。这种处理方法不仅能有效地净化污水，同时还可利用污水中的水肥资源促进农作物、牧草、树木的增产，而且还可节省能源。污水土地处理系统一般由以下部分组成：①污水的预处理设施。②污水的调节与存储设施。③污水的输送、布水及控制系统。④土地处理田。⑤排出水收集系统。虽然土地处理系统的主要组成部分是土地，但必须把预处理设施、存储设施和土地处理设施联系在一起作为一种工程系统，它是有指标、有设计、可调控、能长期稳定运行的处理系统。根据我国水资源的状况和污灌的历史与现状，我国发展污水土地处理的技术路线和策略应是：①在污灌的基础上，首先应对原始污灌方式进行改进。改进的重点应是污水的预处理及非灌溉季节污水的处置措施。预计在较长一段时间内，我国发展土地处理的重点将是科学污灌的延伸和工程化。②积极开展多种形式的城市污水土地处理系统的应用研究。我国国土面积大，各地情况千差万别，绝不能期望用一种方法能解决所有城市的污水处理问题。而应采用多种形式的土地处理的示范工程（如慢速渗滤、地表漫流、苇地系统、快速渗滤等）。有了示范工程，才有说服力，才谈得上推广应用。③在研究、示范工程的基础上得出的设计参数，加上借鉴外国的经验，编制出适用于我国的“城市污水土地处理系统设计手册”，为中、小城镇及有条件采用土地处理的地区推广应用创造条件。④土地处理科研成果的推广应用，牵涉到环保、城建、市政、农业、水利、国土资源管理等许多部门。这就要求各方面都以环境建设、经济建设、城乡建设相一致的原则，相互协调合作共同完成。

二、土壤污染与防治

（一）中国的土地资源

耕地是土地中最重要的部分之一。我国的土地资源中耕地大约占世界总耕地面积的7%，我国仅依靠占世界7%的耕地养活了占世界22%的人口，表明我国耕地资源严重短缺，耕地不足已成为我国资源结构中最大的矛盾。

（二）土壤污染

人类活动产生的污染物进入土壤并积累到一定程度，引起土壤质量恶化的现象。土壤污染是全球三大环境要素（大气、水体和土壤）的污染问题之一，也是全世界普遍关注和研究的主要环境问题。土壤污染对环境和人类造成的影响和危害表现在它可导致土壤的组成、结构和功能发生变化，进而影响植物的正常生长发育，造成有害物质在植物体内的累积，并可通过食物链进入人体，以致危害人体健康。土壤污染的最大特点是，一旦受到污染，特别是受到重金属或有机农药的污染后，其污染物是很难消除的。现代农业生产大量使用的农药、化肥和除草剂会引起土壤污染，如有机氯杀虫剂DDT、六六六等可在土壤中长期残留，并在生物体内富集。氮、磷等化学肥料，凡未被植物吸收利用的都在根层以下积累或转入地下水，另外，磷肥的施用还可能向土壤中带入重金属和放射性物质。因此，在农业生产上要合理使用化肥和农药等生产资料，一方面要保证农业增产增收，另一方面又不破坏土壤环境，使土地资源能够持续利用。

（三）水土流失

我国是世界上水土流失最严重的国家之一。我国960万平方公里的陆地国土中，水土流失面积达356万平方公里（国家水利部最新公布的遥感调查数据）。我国每年流失土壤50亿吨，毁掉耕地100多万亩。近30年来，虽开展了大量的水土保持工作，但总体来看，水土流失点上有治理，面上在扩大，水土流失面积有增无减，全国总耕地约有1/3受到水土流失的危害。水土流失给土地资源和农业生产带来极大破坏，严重地影响了农业经济的发展。水土保持的主要措施是建立防护林，防风固沙，改良土壤生态环境。

（四）土壤污染的综合防治

土壤污染物最突出又难降解的有两大类，一是重金属，二是有机合成农药。对土壤污染的综合防治首先应控制和消除土壤污染源，具体表现为：①控制和消除工业“三废”（废气、废水、废渣）的排放。②控制化学农药的使用。③合理施用化学肥料。

其次是增加土壤环境容量和提高土壤净化能力，增加土壤有机质和粘粒数量。分离培育新的微生物品种，改善微生物土壤环境条件，增加生物降解作用，是提高土壤净化能力的重要环节。最后防治土壤污染还应采取一些具体措施：①利用植物吸收去除重金属；羊齿类铁角蕨属的植物，有较强吸收土壤重金属的能力，对土壤中镉的吸收率可达10%。连种多年，可降低土壤含镉量。②施加抑制剂；重金属轻度污染的土壤，施加某些抑制剂，可改变重金属污染物质在土壤中的迁移转化方向，促进某些有毒物质的移动、淋洗或转化为难溶物质，以减少作物吸收。一般施用石灰、碱性磷酸盐等。如施用石灰，可提高土壤pH值，使镉、铜、锌、汞等形成氢氧化物沉淀。碱性磷酸盐可与土壤中的镉作用生成磷酸镉沉淀，特别在不能引起硫化镉沉淀的还原条件下，磷酸镉的形成对消除镉污染具有重要意义。③控制氧化还原条件；④改变耕作制度；我国苏北棉田旱改水试验，DDT和六六六在棉田中的降解速度很缓慢，积累明显，残留量大。而棉田改水田后，可大大加速DDT的降解。⑤客土、深翻；被重金属或难分解的化学农药严重污染的土壤，在面积不大的情况下，可以采用客土法去除污染物。但是对换出的污染土壤必须有效处理，防止二次污染。此外，也可将污染土壤深翻到下层，埋藏深度应据不同作物根系发育情况，以不致污染作物而定。

三、农药污染与防治

（一）对土壤的污染

施用农药的过程中，大部分农药落到土壤上，部分漂浮在空中，最后因雨水冲刷和自身的沉降，也落入土壤当中。此外，拌种、浸种、除草及土壤消毒等农药施用措施，也都会使农药进入土壤。因此，农药污染土壤的量是最大的。农药对土壤污染程度，除用药量大小之外，主要取决于不同农药的稳定性及其用量。一般用药量大、稳定性高和挥发性小的农药，在土壤中的残留量越大，污染也越严重。同时也与土壤和其他环境因素有关，如粘质土壤和有机质含量多的土壤残留性强；土壤 pH、水分、温度等因素也都影响农药的降解速度和残留量的大小。

（二）对农作物的污染

田间施用农药，有些粘附在农作物的表面，有些非极性亲脂性农药能够渗透到作物的根、茎、叶和种子当中，极性化合物能通过水溶液被根吸收。这些农药虽然受到外界的环境和体内酶的作用逐渐降解，但速度是缓慢的，直到作物收获时仍可能有一定的残留。一般说来，农药的溶解度越大越容易被作物吸收。不同性质的土壤、不同的农作物对农药的吸收能力也有差异。在沙土中农药最易被作物吸收，而有机质含量高的腐泥土壤中，农药则不容易被作物吸收。

（三）农药污染的防治

近年来，随着科学的发展，人们更积极地探索采用生态学的理论和方法，尽可能减少农药的使用，而又达到防治病、虫草害的目的，对此提出了综合防治措施。①植物检疫：在国际贸易上，植物检疫是防止病虫草害传播的一种有效的法律措施。因此，应逐步提高检疫的水平和完善的操作管理制度。②农业防治：农业防治是利用耕作和栽培技术，改良环境条件以避免或减少病、虫、草害的发生。此外，选育抗病虫草害的品种，合理施肥，加强田间管理和消灭病虫生长地等，也能在一定程度上达到防治病虫草害的目的。③物理防治：物理防治主要利用各种机械设备来预测和捕杀害虫。例如利用人工器械进行捕杀；利用昆虫的趋光性安装黑光灯诱杀害虫等。④生物防治：生物防治是利用自然界的各种有益生物（又称天敌）来控制虫害、兽害。如我国利用赤眼蜂防治蔗螟、玉米螟；用草蛉防治棉花害虫，利用益鸟防治鼠害等。⑤开发生物农药：近些年来，生物农药的发展已逐渐形成规模，而且推广的速度越来越快。针对化学农药日渐显出的种种弊病，一些国家很早就已经开始研制一系列选择性强、效率高、成本低、不污染环境、对人畜无害的生物农药。现在西方许多国家已不再使用化学农药，而改用生物防治和生物农药来取代化学农药。相信随着我国经济实力的增长和人民健康意识和环保意识的加强，公众对无公害农产品的要求也会与日俱增，尤其是我国加入世界贸易组织（WTO）后，农产品出口的需要也在呼唤无公害生物农药的产生和发展。

四、化肥污染与防治

（一）化肥污染

1. 氮肥对环境的污染：氮肥引起的环境问题主要有大量不合理施肥对土壤及作物的污染；硝酸盐的淋失对地下水的污染；反硝化作用损失的氮对大气臭氧层的破坏；以及由于径流汇集于水体后引起的富营养化等问题。

2. 磷肥对环境的污染：磷肥不像氮肥那样以挥发、淋失等形式损失，除少部分被作物吸收利用外，大部分被土壤固定，当然也有部分随地表径流进入地表水。磷肥因其本身含有各种污染物质，从而造成土壤、作物污染。磷肥可引起重金属污染、氟污染和放射性污染。

（二）化肥污染防治

防治氮肥污染的方法，主要是设法提高利用率，减少通过各种途径的损失。同时，还要通过 N:P:K 比例的配合及有机——

无机肥料的配合施用，提高肥料的肥效。

1. 因土因作物施肥：我国各地情况差异很大，土壤性质各异，因此，要根据土壤的供肥特性、作物的吸肥规律做到因土、因作物适时适量的施肥，以提高肥料的利用率，有条件的地区最好采用测土配方施肥。

2. 合理配合施肥：作物的高产稳产，需要多种养分均衡供应，配合其他肥料对提高氮肥利用率的作用非常显著。有机——无机肥料配合，既可改善土壤理化性质，又可提高肥料利用率。

3. 研制增加化肥新品种：发展复合肥，提高化肥质量，尽量减少杂质。

4. 研制控释肥料：使用化肥增效剂（如硝化抑制剂等）和包膜等技术，可使肥料养分的释放和肥效的发挥与作物生长发育阶段同步，这样做既可提高肥料利用率和肥效，又可减少肥料养分的流失，避免对环境造成污染。如美国将氮吡啉与硫铵一起使用，可减少50%左右的硝酸盐生成；德国用双氰胺以氮肥用量的10%加入，可减少菠菜中硝酸盐含量10%左右。

五、“白色”污染与防治

所谓“白色污染”，是人们对塑料垃圾污染环境的一种形象称谓。农用地膜的广泛使用，特别是大量难降解塑料的使用，给农业生态环境带来严重问题。我国市场上目前大量使用的塑料制品大多是不可降解塑料，以发泡聚苯乙烯、聚乙烯或聚丙烯为原料，分子量达2万以上。只有分子量降低到2000以下，才能被自然环境中的微生物所降解，而这一过程需要200年；如果将其填埋，将会影响农作物吸收养分和水分，导致减产；对其焚烧会释放出多种化学有毒气体，其中有一种叫二噁英的化合物，毒性极大，即使在吸入很少量的情况下，也能使鸟类和鱼类出现畸形和死亡，对生态环境造成破坏，同时对人体有着很大危害。当前治理白色污染主要使用的可降解塑料、以纸代塑、生物全降解等新技术中，以纸代塑被认为是目前综合评价最好的替代技术。用这种方法制作的塑料袋、餐具因其无毒无害、易回收、可再生利用、可降解等优点而被冠以“环保产品”的称号。

思考题

1. 影响安全生产的因素？

2. 运输车安全使用注意事项？

3. 运输车维护保养条例？

4. 用电注意事项？

5. 农业环境保护知识？

6. 农用运输车的使用安全规则？

7. 在使用新的或大修后的运输车之前，为什么运输车要进行磨合？

8. 人为什么会触电，触电后会有什么后果？

9. 农村为什么容易发生触电事故？

10. 触电受伤害的程度决定什么？

11. 电线起火是什么原因，如何处理？

12. 为什么进行防盗？如何防盗？

参考文献：

1. 陈维新主编：《农业环境保护》，北京：中国农业出版社，2000年版。

2. 钱易，唐孝炎主编：《环境保护与可持续发展》，北京：高等教育出版社，2000年版。

3. 奚旦立主编：《环境与可持续发展》，北京：高等教育出版社，1999年版。

4. 陈英旭主编：《环境学》，北京：中国环境科学出版社，2001年版。

5. 王岩，陈宜旭主编：《环境科学概论》，北京：化学工业出版社，2003年版。

6. 何强，井文涌，王翊亭编著：《环境学导论》，清华大学出版社，2003年版。

7. 魏振枢，杨永杰主编：《环境保护概论》，化学工业出版社，2003年版。

第六章　世界贸易组织与我国农业发展

加入世界贸易组织后，我国农业将逐步和国际农业接轨，这既给我国农业带来发展机遇，也给我国农业带来新的挑战。农产品经纪人是在中国加入世界贸易组织的引导下从事农产品业务，农产品经纪人的业务必然受到世界贸易组织的影响和限制，所以必须了解世界贸易组织的宗旨和目标，了解世界贸易组织对我国农业的积极影响和消极影响以及我们采取的政策。

第一节　世界贸易组织概述

一、世界贸易组织的宗旨和目标

在建立世界贸易组织协定的序言部分，规定了世界贸易组织的宗旨：

1. 提高生活水平，保证充分就业，大幅度稳步地提高实际收入和有效需求；

2. 扩大货物、服务的生产和贸易；

3. 坚持走可持续发展之路，各成员应促进对世界资源的最优利用、保护和维护环境，并以符合不同经济发展水平下各成员需要的方式，加强采取各种相应的措施；

4. 积极努力以确保发展中国家，尤其是最不发达国家，在国际贸易增长中获得与其经济发展水平相适应的份额和利益。

世界贸易组织的目标是建立一个完整的包括货物、服务、与贸易有关的投资及知识产权等更具活力、更持久的多边贸易体系，以包括关贸总协定贸易自由化的成果和乌拉圭回合多边贸易谈判的所有成果。

二、世界贸易组织的组织机构与职能

（一）世界贸易组织的组织机构

1. 部长会议

部长会议是世贸组织的最高权力机构，它由所有成员主管外经贸的部长、副部长级官员或全权代表组成。部长会议至少每两年举行一次，具有广泛的权利，其中包括立法权和准司法权。

2. 总理事会

部长会议休会期间由全体成员代表组成的总理事会代行部长会议的职能。总理事会可视情况需要随时开会，自行拟定议事规则及议程。总理事会下设：

（1）货物贸易理事会，负责《1994 年关贸总协定》及其他货物贸易协议的有关事宜；

（2）服务贸易理事会，监督执行服务贸易总协定及分部门协议的有关事宜；

（3）知识产权理事会，监督执行与贸易有关的知识产权协定。

这些理事会可视情况自行拟定议事规则，经总理事会批准后执行。所有成员均可参加各理事会。

3. 各专门委员会

部长会议下设立专门委员会，以处理特定的贸易及其他有关事宜。已设立：

(1) 贸易与发展委员会；

(2) 国际收支限制委员会；

(3) 预算、财务与行政委员会；

(4) 贸易与环境委员会等10多个专门委员会。

4. 秘书处

世贸组织成立由一位总干事领导的世界贸易组织秘书处。总干事由部长会议选定。世贸组织秘书处设在瑞士日内瓦，大约有500人。由于世界贸易组织的决议是由成员自己做出的，因此秘书处是办事机构，没有做出决议的权利。

（二）世界贸易组织的职能

世贸组织的主要职能具体包括：

1. 组织实施世贸组织负责管辖和各项贸易协定、协议、积极采取各种措施努力实现各项规定、协议的目标。并对所辖的不属于“一揽子”协议下的诸边贸易协议如《政府采购协议》、《民用航空器贸易协议》等的执行管理和运作提供组织保障；

2. 为成员提供处理各协定、协议有关事物的谈判场所，并为世贸组织多边贸易谈判提供场所、谈判准备和框架草案；

3. 解救各成员之间发生的贸易争端，负责管理世贸组织争端解决协议；

4. 对各成员的贸易政策、法规进行定期审评；

5. 协调与国际货币基金组织和世界银行等国际经济组织关系，以保障全球经济决策的凝聚力和一致性，避免政策冲突。

第二节 世界贸易组织对我国农业的影响

一、加入世界贸易组织对我国农业的积极影响

1. 有助于完善我国社会主义市场经济体制。加入世界贸易组织就意味着我国农业要和国际农业接轨，国际市场的价格机制和竞争机制就会传递到国内，我国农业和农村经济的运行也要按照市场经济规律进行，从而有助于我国社会主义市场经济体制的建立和完善。目前我国的农产品流通特别是粮、棉等大宗农产品的流通还带有国营垄断的性质，随着外国企业进入农产品流通领域，我国将加快农产品流通环节的改革，逐渐形成以市场定价为主的农产品价格形成机制和多主体的流通体制。而且，“入关”也有助于打破地区分割和垄断，形成统一、开放的农产品市场。

2. 有利于我国引进技术和利用外资。加入世界贸易组织后，我国可以根据无条件最惠国待遇原则以及对发展中国家的特殊条款，争取世贸组织成员国和国际金融机构的技术、经济和财政金融的援助，改善农业生产条件，发展我国的农业和农村经济。而且，加入世界贸易组织后，国外企业更加看好我国经济的发展，来华投资的积极性高涨，我国利用外资的数量将进一步增加。

3. 有助于我国农产品及其加工品的出口。我国是一个农业大国，农产品及农产品加工品的出口在出口贸易中占据着重要地位。加入世界贸易组织后，我国可以根据世贸组织的有关规定享受其对发展中国家的差别和更优惠的待遇，这将促进我国农产品及其加工品的出口。我国的畜禽、水产、果菜和园艺等产品在国际市场上有明显的价格竞争优势，一些国家对我国产品采取贸易

歧视政策，加入世界贸易组织后，我们就可以运用世界贸易组织的争端解决机制有效地维护自己的权益，同时我国的贸易对手也不敢轻易地对中国实行歧视性的贸易政策。另外乌拉圭回合谈判后，农产品贸易实现了更大程度的自由化，有利于我国农产品出口的扩大。

4. 有助于提高我国农产品的质量，促进农业增长方式的改变。我国在20世纪90年代以前，农产品供不应求，因而我国一直重视农产品数量的增长，农产品的质量不高，农产品国际竞争力不强。加入世界贸易组织后，我国农产品直接面对国外农产品的竞争，这必然促使我国农业生产者提高农产品质量。针对一些国家对我国农产品出口实行绿色壁垒，我国将建立健全农产品质量标准体系，提高农产品质量，增强农产品国际竞争力。另外，随着外国企业投资农业的增加，农业生产者还可以学习到先进的农业技术，提高农产品质量。

5. 有助于我国农业产业结构的调整。加入世界贸易组织后，农产品进出口贸易的增加进一步促进我国参与国际分工，提高资源利用效率。我国可以适当进口那些没有国际竞争力的产品，如粮、棉、油、糖等，增加生产有国际竞争优势的产品，如花卉、水果、蔬菜、养殖业产品及其加工品，从而促进我国农业产业结构的调整。过去为了解决人们的吃饭问题，我国一些地方不惜毁林开荒、围湖造田，导致生态环境恶化。加入世界贸易组织后，我们完全可以利用国际农产品市场，促进我国农业生产结构的调整。这样不仅有利于农民增收，而且也有利于保护生态环境。

二、加入世界贸易组织对我国农业的不利影响

对于加入世界贸易组织，人们最担心的是国外农产品能否大

量涌入，冲击国内市场。总的来说，国际市场很难对我国产生过大的冲击。目前，我国国内粮食产量为5亿吨，而世界粮食贸易总量不过2亿吨，把全世界的2亿吨贸易粮食都拿到中国来，也养活不了中国人，中国人还是要自己养活自己。

从签定的双边协议上看，我国对小麦、玉米、大米、棉花、豆油、菜籽油、羊毛、天然橡胶等8种重要农产品进行配额管理，这些配额并不是必须完成的。据世界贸易组织秘书处资料，自1995年以来大部分成员国只完成了关税配额市场准入量的66%，有的进口国只完成50%，许多国家甚至根本没有进口。如果某项农产品进口量过大，严重冲击国内市场，我国还可以动用世界贸易组织的特别保障条款，停止进口。此外，中国在粮食贸易中具有典型的大国效应，比如中国一进口大豆，芝加哥市场的大豆价格马上就会攀升，国内企业就会停止进口，转而刺激国内生产。这种大国效应本身对进口具有抑制作用。因而总体来讲，国外粮食不可能潮水般涌来。

虽然国外农产品不可能潮水般涌来，但国外农产品的进入是肯定的。由于我国农民素质不高，农业生产规模小，农业生产和农产品加工技术水平落后，我国农业参与国际市场竞争的能力较弱。“入关”对我国农业的不利影响主要表现为：

（一）对国内农产品生产形成比较大的压力

加入世界贸易组织后，随着降低农产品关税和开放市场，国外农产品会进入国内市场，对国内农产品特别是没有竞争优势的农产品生产会造成冲击。

从价格优势分析，我国农业的比较优势呈现如下格局：

1.粮食和棉花不具备贸易比较优势。近年来，由于受生产资料价格上涨和活劳动成本等影响，我国国内粮食价格已接近或高于国际市场价格，近年来，棉花生产徘徊，供求紧张，国内棉价上涨，已接近并超过国际价格。我国粮食和棉花的价格竞争优势已经丧失。

2. 油料和糖料生产具有比较竞争优势，但受到加工水平的严重制约。目前油料的国际价格水平低于国际市场价格，但是，由于我国油料加工工艺落后、设备陈旧、出油率低和成本高，成品油的国内价格高于国际市场。糖料生产具有竞争优势，但是我国食糖生产的原料出糖率低、成本高和品质差，食糖在国际市场上的竞争力不强。

3. 水果和蔬菜生产具有贸易竞争优势。目前国内主要水果价格都低于国际市场价格，苹果低41%，鸭梨低79%，柑橘低47%。蔬菜生产具有贸易竞争优势。蔬菜生产需要劳动力多，我国农村劳动力资源丰富，农村劳动力价格低于发达国家农村劳动力价格，从长期看，我国蔬菜生产在成本和价格上会保持优势。

4. 肉类和水产品具有一定的比较优势。目前我国水产品成本和价格低，具有比较优势。但是，关税下调会使竞争优势受到影响。我国肉类生产的竞争比较优势比较明显。在价格方面，除禽肉以外，我国肉类价格低于国际市场。

5. 羊毛和奶制品不具有贸易竞争优势。1984—1988年由于进口羊毛过多，两次导致国产羊毛积压。在世界贸易组织框架下，我国羊毛生产明显不具有竞争优势，奶制品也不具备竞争优势。由于目前我国奶牛单产低、饲养成本高，而且，加工企业规模效益差、生产效率低，国产奶制品价格高于国际市场，奶业缺乏贸易竞争优势。

(二) 对农民就业和增收构成压力

国外廉价农产品对国内农产品的冲击，必然影响国内农产品的生产，进而影响农民的就业和农民的收入。美国农业部经济研究局的一份报告认为，中国加入世界贸易组织后，会使国内稻谷、小麦、棉花、羊毛、植物油等农产品出现不同程度的减产，其减产幅度在1.4%—37%之间，减少劳动力就业机会约1320万多个。我国有关部门研究认为，我国在加入世界贸易组织的过渡期和完成期之后，因开放农产品市场可能会使国内小麦、豆油、玉米、大米和棉花等农产品的生产下降，减少就业机会分别为2086万个和2550万个。

另外，我们看到，我国具有竞争优势的农产品如水果、蔬菜和肉类等，目前又由于农药残留污染、农产品加工过程中的污染、包装污染等造成食品安全性不高，被国外的消费者抵制，农产品的国际竞争力下降。如果我们增加水果、蔬菜和肉类产品的生产，但出口受到阻碍，则导致国内供过于求，价格下跌，农民增产不增收。

（三）对国内农产品加工业和流通企业也构成较大的压力

加入世界贸易组织后，我国的农产品加工企业将和国外农产品加工企业进行竞争，而我国农产品加工企业存在技术落后、规模小等一些问题，我国农产品加工企业的压力较大。目前粮、棉、油的市场有相当一部分由国有企业垄断经营。随着粮、棉、油等农产品市场的开放，国外农产品的进入，国有企业垄断的局面将会被打破，国有粮、棉、油经营企业将和非国有企业以及外资企业一起竞争。国有粮、棉、油经营企业的弊端将暴露出来，如退休职工包袱沉重、管理落后、经营缺乏活力、经济效益不高等，国有粮食流通企业压力也较大。

（四）限制了对农业的支持和保护

加入世界贸易组织，我们就要遵循世界贸易组织的规则和我国的承诺，国家对农业支持和保护的空间将缩小。国家内部实行的一些阻碍农产品自由贸易的政策措施必须取消，比如农产品的出口补贴。对农产品的价格补贴、投资补贴和投入品补贴不超过农产品产值的8.5%。

第三节　加入世界贸易组织后我国对农业要采取的政策

根据我国加入世界贸易组织的承诺，我国降低农产品关税和放开农产品市场，并不是一步到位，而是利用5年的时间逐步进行，这为我们调整政策留下了一定的时间。我们应根据世界贸易组织的规则，积极调整我国的农业发展政策，抓住机遇，迎接挑战，使农业和农村经济顺利健康的发展。

一、放开农产品市场

我国从20世纪80年代开始对农产品流通体制进行改革，至今仍未取得满意的效果。1985年，国家宣布：粮食、棉花取消统购，改为合同定购。既然是合同，就是协商签订的。由商业部门在播种季节前与农民协商，签订定购合同。定购以外的粮食可以自由上市。其他农产品逐步取消派购，从1985年农产品流通体制改革的效果看，凡是放开价格、实行市场调节的农产品，改革基本上是成功的，表现为市场供给充分。而粮、棉等大宗农产品实行的双轨制改革没有取得预期的效果。1993年国家进一步进行粮食流通体制改革，取消了统销，实行购销同价，废止了已经实行40年的粮票。1993年底，中央农村工作会议决定对粮食定购实行保量放价，但这项改革未实施。因为从1993年11月开始，市场上粮价突然大幅度上涨。因此，中央采取措施，在购销两个环节重新加以管制，实行定购定销。

尽管我国的粮食流通体制改革不断进行，但是粮食流通体制仍然存在着许多问题。其中最突出的问题是国有粮食部门的2000多亿元的亏损。1995年国有粮食企业亏损挂账增加额为44亿元，1996年达到197亿元，1997年据不完全统计，约500亿元。在这样的背景下，1998年粮食流通体制改革强调，按保护价敞开收购余粮、粮食收储企业实行顺价销售、农业发展银行收购资金封闭运行，加快国有粮食企业自身改革。从这项粮食政策的效果看，一方面有的地方没有做到敞开收购农民的粮食，按保护价收购的量大致达到30%—40%，仅够农民交纳三提五统和农业税，因而靠保护价保证农民收入的目的没有实现。另一方面粮食部门并没有从根本上摆脱亏损，国家的负担并未减轻。

粮食购销体制必须进行彻底的改革，制定一个既保证国家粮食安全，又符合市场经济的粮食购销政策。因而应放开粮食市场，通过国家储备系统的吞吐来平抑粮价。

二、实行积极的城市化战略

“入世”后中国农业的发展必须以城市化的加速发展为前提。首先，城市化是提高农民收入的根本途径，没有城市化，农民的收入水平就不可能有较大幅度的提高。其次，城市化是实现农业增长和现代化的关键。再次，城市化是政府支持农业政策有效性的必要条件。不仅如此，城市化对未来经济的发展都具有十分重要的意义，是新时期经济发展的客观要求，是推进国民经济市场化、国际化的要求，是全面提高人民生活水平和质量的客观要求，也是由城市化的客观规律决定的。我们应该遵循客观经济规律，推行积极的城市化战略，尽快解决中国的城市化进程严重滞后的问题。

推行积极的城市化战略是中国城市化战略的重大转变，需要我们彻底摒弃传统的“抑城市化”甚至“反城市化”模式，取消与之相适应的制度和政策，而代之以与积极城市化战略相适应的模式、制度和政策。在城市化模式上，应该摒弃以往以小城镇为主的道路，实行大、中、小城市并举，以大、中城市为主的模式。同时，考虑到城市的承载能力，应该鼓励农民的跨地区迁移，在沿海发达地区的城市工作和落户。

在推行积极城市化的具体政策上，短期内至少要采取如下行动：

(1) 逐步废除城乡隔离的户籍制度，允许愿意进城落户而又能在城市自食其力的农民及其配偶进城落户；

(2) 优先发展劳动密集型产业，为农民进城提供较多的就业机会；

(3) 改革现有的体制和政策，大规模兴建城市基础设施。

三、对粮食实行直接补贴

在我国这样一个人口大国，粮食供给平衡问题是一个涉及农民收入和社会稳定的问题，所以我国必须保证一定的粮食自给率。目前，我国粮食总产量居世界第一位，人均占有量为 387 千克，粮食自给率达到 95%左右。但我国粮食的供给依然面临严峻的形势。总体上讲，我国粮食的国内价格已经高于国际市场价格，我国粮食缺乏国际竞争力，如果国内粮食市场向国外开放，我国粮食生产将受到较大的冲击。而且，据国内的测算，21 世纪我国粮食的供需缺口大约是 2000 万吨—3000 万吨，美国国家情报委员会的测算是到 2025 年中国要进口粮食 1.75 亿吨。另外，“乌拉圭回合”后，粮食价格普遍上涨，与 1987—1989 年的平均价格水平比较，2000 年世界农产品价格普遍上涨，上涨幅度约为 4%—11%。粮食价格的上涨意味着我国要用更多的外汇进口粮食。在加入世界贸易组织的情况下，确保我国粮食安全的一个途径是对粮食实行直接补贴。以往我国对粮食实行保护价收购，但农民并没有得到真正的实惠，补贴基本上补给了中间环节。所以 2003 年我国开始进行粮食直接补贴的试点。在市场经济条件下，粮食供大于求时，出现增产不增收的现象。从国外来看，是靠控制农产品供给来控制价格，增加农民收入。比如美国，只对那些完成限产任务的农场主给予价格支持。但从我国的国情看，还不可能实行控制产量。我国粮食是紧平衡，一遇大的自然灾害或者价格问题，农产品的产量马上减少。另外，进入需求制约阶段后，有助于加快优质农产品的生产。因此，我国对粮食实行直接补贴，但不会控制粮食的供给量。

四、实行乡镇企业的战略性调整，更好地为农业发展服务

1978 年以后，中国乡镇企业的“异军突起”成为中国整个经济发展中的一个重要“亮点”。乡镇企业是在国民经济出现结构断层、农业的停滞和整个经济形成高度二元反差的历史条件下启动的，其发展不仅对我国农村经济，而且对整个国民经济的增长都产生了广泛而深远的影响，特别是在促进经济增长、产业结构演进、农村剩余劳动力的转移、农村经济结构的调整和农业现代化方面的贡献尤其突出。“入世”以后，农业的生存和发展仍然需要乡镇企业的贡献。

但是，近几年世界和中国的经济发展环境都发生了很大变化。在国际上发生了亚洲金融危机，在国内过剩经济取代了短缺

经济。

在这种大背景下，乡镇企业的发展面临一系列问题，主要表现在：

(1) 发展环境恶化；

(2) 增长速度逐年回落；

(3) 自身矛盾显化；

(4) 产业结构不合理等。目前乡镇企业发展中存在的上述矛盾和问题，在中国加入世贸组织以后将会变得更加严重。

面对上述严峻形势，乡镇企业必须打破传统的发展模式，实行彻底的发展战略调整和制度创新。未来乡镇企业发展的主要对策是：

(1) 对乡镇集体企业产权制度进行根本性改革；

(2) 改变分散的空间布局，向城市聚集；

(3) 调整产业结构；

(4) 与城市大企业建立协作配套关系。

五、调整农业生产结构

我国东、中和西部地区农业生产结构的调整就有不同的取向。在东部沿海经济发达地区和大中城市郊区，适当减少粮食种植面积，积极发展高价值经济作物，发展出口创汇农业。在西部山区，发展高价值的林果业、畜牧业和水产业，恢复和保护生态环境，实现可持续发展。在中部和东北粮食主产区，继续大力发展粮食生产，并以粮食为原料大力发展畜牧业、食品加工业，把粮食大省变为农业强省。

在我国农产品供应中出现大量的数量型产品销不出去，而适销对路的高品质产品却供不应求的局面。既“卖不掉”与“买不到”并存的局面。在农业生产结构调整上，许多地方政府注重数量调整，即调整粮食作物和经济作物的播种面积，这种调整极易出现大家一起进行调整，比如几个地区同时减少粮食生产，发展蔬菜和水果生产，结果是蔬菜和水果出现供过于求，蔬菜和水果价格下跌。因而出现了不仅“谷贱伤农”，而且“菜贱伤农”、“果贱伤农”的问题，出现了农民所说的“种什么、什么赔钱”的现象。所以，农业生产结构的调整主要应是品种结构的调整，即生产高产、优质、高效的农产品。这也是为迎接“入关”带来的挑战，我国对农业应采取的一项重要措施。

六、促进农业生产规模经营

我国种植业比较优势低的原因主要是生产经营规模小、劳动力投入成本大。我国目前农户平均耕地经营规模仅有 0.4 公顷，美国和加拿大的耕地经营规模达到几百甚至上千公顷。这意味着即使在物化生产成本相同的情况下，美国和加拿大生产的农产品劳动成本低于我国农产品的劳动成本，所以，我国农产品的成本高于美国和加拿大农产品的成本。

提高农业生产经营规模关键是转移农业剩余劳动力。提高我国城市化水平是转移农业剩余劳动力的主要途径。我国要大力发展小城镇，鼓励农民进小城镇居住和生活。农民进小城镇居住，不仅能拉动消费，而且对于提高农民素质具有重要意义。鼓励农民进入大城市务工也是转移农业剩余劳动力的重要途径。当然，在农村大力发展非农经济，也是转移农业剩余劳动力的重要途径。

七、改革农产品流通体制，建立统一的市场体系

目前，在国内农产品流通体系中，地方保护主义及市场分割现象严重，基础设施落后，流通效率低下，流通成本高昂。这不仅与世贸组织要求在全国统一的基础上实施贸易政策的原则不相符合，而且更主要的是增加了中国农产品生产成本，削弱了农产品的竞争力，也影响到生产者根据市场需要灵活调整生产结构。今后，要积极推进农产品流通体制的进一步改革，形成全国统一、开放、竞争、有序、高效的农产品市场。

今后农产品流通体制改革的重点是：

1. 克服地方保护主义，打破地区封锁与垄断；

2. 国家和地方应切实加大投入，强化供水、供电、道路、通信网络、市场、仓储等基础设施建设；

3. 鼓励组建农业行业技术协会、商会等组织，培育农民自己的流通组织；

4. 加快农产品购销企业的市场化进程，加强内、外贸协作；

5. 抓好农产品产地批发市场、质量标准体系和市场信息网络建设，完善农产品市场体系。

八、促进农民组织的发展

我国农业生产者缺乏利益代表组织，农业生产者相互之间不能协调，甚至出现农业生产者之间的恶性竞争，而国外的农民都有自己的利益代表组织，如日本的农协、美国的农业合作社、澳大利亚的小麦局等，他们代表农民的利益，在生产和流通方面发挥重大作用。许多发达国家农民的合作组织在发展过程中得到政

府的支持。比如，美国农业合作社的发展得到政府的支持。1920年，美国农场局联盟召集主要来自中西部和东部的合作社代表，建议成立强有力的高度集中的合作社，使它能控制整个作物的销售，以便控制价格。这就是有名的“沙皮洛运动”。在它的推动下，谷物、棉花、烟草、牲畜饲养以及其他合作社相继成立。为了支持合作社运动的健康发展，1922年国会通过了“卡泊一沃尔斯坦德法”（Capper—Volstead Act of 1922)，把合作社从反托拉斯法中豁免出来。同时，法律还规定了美国合作社的条件，即第一，由其成员在互利基础上自行管理；第二，每个合作社成员只能有一票表决权，而不管他在合作社中有多少股份；第三，为非社员提供的服务不超过服务总量的一半。这项法律的制定促进了美国农业合作社的健康发展。

从国内看，我国也在鼓励农民合作组织的发展，但我们走了一段弯路。1949—1952年国家对供销和信用合作社以及生产合作组织给予扶持。中共中央1951年通过了《关于农业生产互助合作的决议》，1953年通过了《关于发展农业生产合作社的决议》。1955年中央又通过了《关于农业合作化问题的决议》，进一步加速农业合作化的发展。到1956年1月，入社农户占总农户的比重猛增到80.3%，基本上实现了初级合作化。到1956年底，参加高级社的农户占全国农户总数的87%。在合作化运动中存在的问题主要是在合作化后期，为追求合作社发展数目以及规模，未能认真贯彻自愿互利原则，严重挫伤了农民的生产积极性。

改革开放以后，由于我国实行了土地家庭联产承包责任制，农民生产变成一家一户的生产，出现了农民生产缺乏社会化服务的现象，而且，随着我国农产品供应由供不应求向供过于求局面的转变，农民又出现了农产品销售困难的问题。在这种情况下，各种农产品专业合作社和技术协会应运而生。而且，随着我国外向型农业的发展，农产品行业协会在控制农产品出口价格、防止农产品出口企业恶性竞争以及在解决同国外企业的贸易纠纷中发挥了越来越重要的作用。我国新型的农业合作经济组织开始形成并且逐步壮大，我国要进一步积极扶持和促进农民各种经济组织的发展。

九、实施农产品和农产品加工品的品牌战略

实施农产品和农产品加工品的名牌战略是国际国内市场竞争的需要。我国国内许多农产品供过于求，但高质量的农产品供不应求。只有实施农产品和农产品加工品的品牌战略，才能实现优质优价，从而有利于农业生产结构的调整。随着我国农产品市场的逐步开放，国外农产品进入我国市场，特别是国外一些大规模的食品加工企业的产品进入我国市场，对我国农产品和农产品加工品的生产造成冲击。为和国外农产品和农产品加工品进行竞争，我国农产品和农产品加工品就要进行品牌经营战略，以高质量的产品占领市场，获得较高的经济效益。

我国农户众多，每户生产的产品量少，在这种情况下，实施农产品品牌战略的途径主要有两条，一是通过农业协会或农业合作社，创造和经营品牌，从我国实践来看，已经有一些农业协会创立了自己的品牌，并且，通过技术服务保证产品质量。二是通过农业产业化经营，创造农产品加工品的品牌。通过经营和创造品牌，农业产业化经营可以更好的带动农业生产结构调整，提高农业科技含量，提高农民收入。国家应积极鼓励农业协会和农业产业化经营的发展，保护农产品和农产品加工品的品牌。

十、积极研究世界贸易组织规则，充分利用绿箱补贴和黄灯补贴政策

（一）根据世贸组织农业框架的规定，我国可以继续采取并加大属于“绿箱政策”范围的农业支持措施。根据《农产品协定》，绿箱补贴包括：①由公共基金或财政开支所提供的一般性农业生产服务。包括环境项目研究和特定产品研究、病虫害控制、农业科技人员和生产操作培训、技术推广和咨询服务、检验服务、市场促销服务、农业基础设施建设等。②为保障食品供给而支付的储存费用。③食品援助补贴和单亲家庭农场补贴。④一般性农业收入保障补贴。⑤自然灾害补贴。补贴量不得超过实际损失量。⑥农业生产结构调整补贴。⑦向农业生产条件明显不利的地区所提供的地区发展补贴。我国可以充分利用这些绿箱补贴。

（二）根据我国“入关”的承诺，农产品价格补贴、投资补贴和投入品补贴不超过农产品产值的8.5%。但目前我国的补贴不到农产品总产值的2%，所以，我国还有很大的补贴空间。

（三）利用世界贸易组织的例外条款，适时对进口农产品实行数量限制，保护国内农产品生产。

此外，利用世贸组织的相关规定，制定一些环保标准和“绿色产品”标准，加大检疫力度，确保国内环境和人民健康。

思 考 题

1. 世界贸易组织的宗旨和目标？
2. 世界贸易组织的职能？
3. 加入“世界贸易组织”对我国农业有哪些积极影响？

4. 加入“世界贸易组织”对我国农业有哪些不利影响？

5. 加入“世界贸易组织”以后我国对农业采取的政策？

参考文献：

1. 施虹著：《全面建设农村小康社会的理论与实践》，中国农业出版社，2003年7月版。

2. 利力，蒙慧著：《WTO与中国农业发展对策》，中共中央党校出版社，2001年2月版。

3. 唐正平等著：《入世与农产品市场开放》，中国对外贸易出版社，2000年版。

附录：经济合同示范文本

1. 农副产品购销合同

甲方（购方）：______________________________

地址：____________邮政编码：____________电话：__________

法定代表人：____________职务：____________

乙方（销方）：______________________________

地址：____________邮政编码：____________电话：__________

法定代表人：____________职务：____________

为了促进农副产品生产的发展，沟通城乡流通渠道，为城镇人民和对外贸易提供丰富的农副产品，经甲、乙双方充分协商，特订立本合同，以便双方共同遵守。

第一条 交售日期、数量及价格

1. 乙方必须在____年____月以前（或____月____旬内），向甲方交售____（农副产品）____斤（担）。

2. 甲方应按照物价主管部门规定的价格（国家允许议价的，价格由甲、乙双方协商议定），向乙方计付货款。

3. 甲、乙双方的任何一方如需提前或延期交货与提货，均应事先通知对方，达成协议后按协议执行。

第二条 品种、等级、质量及包装

1. ____（农副产品）的品种、等级和质量，按下列第(　　)项执行：

(1) 按国家标准执行；

(2) 按部颁标准执行；

(3) 按地区标准执行；

(4) 由甲、乙双方协商确定。

2. ____（农副产品）的包装，按下列第（　　）项办理：

(1) 按国家或部门规定的办法执行；

(2) 由甲、乙双方协商包装办法。

包装物由乙（甲）方供应，包装物的回收办法另订附件。

第三条 交（提）货方式

1. 交（提）货方式按下列第(　　)项办理：

(1) 送货，乙方应按合同规定的时间送往____（接收地点），交货日期以发运时运输部门的戳记为准；

(2) 提货，乙方应按合同规定的时间通知甲方提货，以发出通知之日作为通知提货时间；

(3) 代运，乙方应按甲方的要求，选择合理的运输路线和运输工具，向运输部门提报运输计划，办理托运手续。交货日期以发运时运输部门的戳记为准。

第四条 农副产品的验收地点

实行乙方送货或乙方委托运输部门代运的，以接收地点为验收地点；实行甲方提货的，以提货地点为验收地点。

第五条 验收办法

合同应明确规定：(1) 验收期限；(2) 验收手续；(3) 验收标准；(4) 由谁负责验收；(5) 在验收中对产量质量发生争议，应按《中华人民共和国标准化法》的规定，交质量监督检验机构裁决。

第六条 货款结算办法

乙方交售的____（农副产品）经验收合格后，甲方应在____天之内，通过银行转账（或按银行的规定以现金）向乙方支付货款。

第七条 乙方的违约责任

1. 乙方交货数量少于合同的规定而甲方仍然需要的，以及供方逾期交货而甲方仍需要的，应照数补交，乙方并应比照人民银行有关延期付款的规定，按逾期交货部分货款总值计算，向甲方偿付逾期交货的违约金；乙方超过规定期限不能交货的，应偿付甲方不能交货部分货款总值____%（1%—20%）的违约金；因逾期交货，甲方不再需要的，由乙方自行处理，并向甲方偿付该部分货款总值____%（1%—20%）的违约金。

2. 乙方如因违约自销或因套取超购加价款而不履行合同时，应向甲方偿付不履行合同部分货款总值____%（5%—25%的幅度）的违约金，并退回套取的加价款和奖售、换购的物资；乙方违约自销多得的收入，由工商行政管理部门没收上交国家财政。

3. 乙方在交售____（农副产品）中掺杂使假、以次充好的，甲方有权拒收，乙方同时应向甲方偿付该批货款总值____%（5%—25%）的违约金。乙方交售的鲜活产品如有污染或疾病的，甲方有权拒收，并可按国家有关规定处理。

4. 乙方的包装不符合规定，发货前需返修或重新包装的，应负责返修或重新包装，并承担因此而支付的费用。发货后因包装不善给甲方造成损失的，应赔偿其实际损失。乙方由于返修或重新包装而造成逾期交货的，按逾期交货处理。

5. 甲方按乙方通知的时间、地点提货而未提到的，乙方应负逾期交货的违约责任，并承担甲方因此而支付的实际费用。

6. 因数量、质量、包装或交货期限不符合合同规定而被拒收的产品，甲方应代供方保管。在代保管期间，乙方应负责支付实际开支的一切费用，并承担非因保管、保养不善所造成的损失。

7. 甲方根据乙方的要求预付定金的，供方在不履行或不完全履行合同时，应加倍偿还。

8. 实行送货或代运的，乙方错发到货地点或接货单位（人）时，应按合同规定重新发货或将错发的货物送到合同规定的地点、接货单位（人），并承担因此多付的运杂费及其他费用；造成逾期交货的，还应偿付逾期交货的违约金。乙方未经征得甲方同意，擅自改变合同规定的运输路线或运输工具的，应承担因此多支付的费用。

9. 乙方在接到甲方验收产品提出的书面异议后，应在 15 天内做出处理，如乙方未按时处理，可视为默认。

第八条　甲方的违约责任

1. 甲方在合同执行中退货的，应偿付乙方退货部分货款总值____%（5%—25%）的违约金。因此造成乙方损失的，还应根据实际情况赔偿其损失。

2. 甲方无故拒收送货或代运的产品，应向乙方偿付被拒收货款总值____%（5%—25%）的违约金，并承担因此而造成的损失和费用。

3. 按合同规定提货的产品，乙方通知提货而逾期提货的，除比照银行有关延期付款的规定，按逾期提货（收购）部分货款总值计算偿付违约金以外，还应承担乙方在此期间所支付的保管费或保养费，并承担因此而造成的其他实际损失。

4. 甲方未按合同规定的期限付款的，应按银行有关延期付款的规定，向乙方偿付延期付款的违约金。

5. 甲方未按合同规定提供包装物的，乙方交货日期得顺延，甲方并应向乙方偿付延期付款的违约金。因此造成乙方损失的，甲方还应根据实际情况赔偿其损失。

6. 甲方如向乙方预付定金的，在不履行或不完全履行预购合同时，无权收回未履行部分的预付定金。

7. 甲方必须承担因错填或临时改变到货地点而多支付的一切费用。

8. 甲方在合同规定的验收期限内，未进行验收或验收后未在规定期限内提出异议，视为默认。

9. 在合同规定的验收期限内，未进行验收或进行验收后未提出书面质量异议的，即视为默认符合规定。对于提出质量异议或因其他原因拒收，应负责妥善保管，等候处理，不得动用。一经动用即视为接收，甲方应按期向乙方付款，如不按期付款，则按延期付款处理。

第九条 不可抗力

甲、乙双方的任何一方由于不可抗力的原因不能履行或不能完全履行合同时，应尽快向对方通报理由，经有关主管机关证明后，可允许延期履行、部分履行或不履行，并可根据情况部分或全部免予承担违约责任。乙方如果由于不可抗力造成产品质量不符合合同规定的，不以违约论。对这些产品的处理办法，可由甲、乙双方协商决定。

农副产品因受气候影响早熟或晚熟的，交货日期经双方协商，可适当提前或推迟。

第十条 合同的变更与解除

甲、乙双方的任何一方要求变更或解除合同时，应及时通知对方，并采用书面形式由双方达成协议。未达成协议以前，原合同仍然有效。当事人一方接到另一方要求变更或解除合同的建议后，应在收到通知之日起15天内做出答复，当事人双方另有约定的，按约定的期限答复，逾期不做答复的，即视为默认。

第十一条 其他约定

违约金或赔偿金，应在甲、乙双方商定的日期内或由有关部门确定责任后10天内偿付，否则，按逾期付款处理。

第十二条 本合同正本一式二份，甲乙双方各执一份，具有同等效力。

第十三条 本合同于____年____月____日在________签订，有效期至____年____月____日。

甲　　方：________________________

代 表 人：________

开户银行：________

账　　号：____________　　　　　　____年____月____日

乙　　方：________________________

代 表 人：________

开户银行：________

账　　号：____________　　　　　　____年____月____日

2. 农副产品订购合同

供　方：____________________________________

地　址：____________邮政编码：__________电话：__________

法定代表人：____________职务：____________

需　方：____________________________________

地　址：____________邮政编码：__________电话：__________

法定代表人：＿＿＿＿＿＿职务：＿＿＿＿＿＿

一、产品名称、品种规格、数量、金额、交售时间

产品名称	品种规格	计量单位	数量	单价	总金额	交售时间及数量							
						合计							
合计人民币金额（大写）													

二、质量标准、用途

＿＿＿＿＿＿＿＿＿＿＿＿＿＿＿＿＿＿＿＿＿＿＿＿＿＿＿＿

三、验收办法、时间、地点

＿＿＿＿＿＿＿＿＿＿＿＿＿＿＿＿＿＿＿＿＿＿＿＿＿＿＿＿

四、检验及检疫的单位、地点、方法、标准及费用负担

＿＿＿＿＿＿＿＿＿＿＿＿＿＿＿＿＿＿＿＿＿＿＿＿＿＿＿＿

五、交（提）货地点及运输方式和费用负担

＿＿＿＿＿＿＿＿＿＿＿＿＿＿＿＿＿＿＿＿＿＿＿＿＿＿＿＿

六、超欠幅度损耗及计算方法

＿＿＿＿＿＿＿＿＿＿＿＿＿＿＿＿＿＿＿＿＿＿＿＿＿＿＿＿

七、包装标准、包装物的供应与回收和费用负担

＿＿＿＿＿＿＿＿＿＿＿＿＿＿＿＿＿＿＿＿＿＿＿＿＿＿＿＿

八、结算方式及期限

____

九、给付定金的数额、时间

____

十、奖罚标准及兑现方式：超售____元/公斤，减售每公斤罚____元

____

十一、需方供应的与定购农副产品挂钩的化肥、柴油等农业生产资料的产品名称、规格、质量、数量、价格、供应时间及地点

产品名称	规格型号	质量等级	计量单位	数量	单价	总金额	供应交货时间及地点
合计人民币金额（大写）							

十二、违约责任

____

十三、解决合同纠纷的方式

____

十四、本合同于____年____月____日在____签订；有效期至____年____月____日

____

十五、其他约定事项

____

供　方

单位名称：________________（章）

代 表 人：________

开户银行：________

账　　号：__________　　____年____月____日

需　方

单位名称：________________（章）

代 表 人：________

开户银行：________

账号：__________　　____年__月__日

3. 农副产品购销结合合同

供方：________________________

地址：________邮政编码：________电话：________

法定代表人：________职务：________

需方：________________________

地址：________邮政编码：________电话：________

法定代表人：________职务：________

一、产品名称、品种规格、数量、价格、交售时间

产品名称	品种规格	计量单位	数量	单价	总金额	交售时间及数量							
						合计							
合计人民币金额（大写）													

二、质量标准、用途

三、验收办法、时间、地点

四、检验和检疫的单位、地点、方法、标准及费用负担

五、交售地点及运输方式和费用负担

六、超欠幅度、损耗及计算方法

七、包装标准、包装物的供应与回收和费用负担

八、结算方式及期限

九、奖售物资标准

十、需方供应的产品名称、规格、质量、数量、价格、供应时间及地点

产品名称	规格型号	质量等级	计量单位	数量	单价	总金额	供应交货时间及地点
合计人民币金额（大写）							

十一、如需提供担保，另立合同担保书，作为本合同附件。

十二、违约责任

十三、解决合同纠纷的方式

十四、本合同于____年____月____日在____签订；有效期至____年____月____日

十五、其他约定事项

供　方

单位名称：______________________（章）

代 表 人：________

开户银行：________

账　　号：____________　　　　____年____月____日

需　方

单位名称：______________________（章）

代 表 人：________

开户银行：________

账　　号：____________　　　　____年____月____日

4. 生猪、菜牛、菜羊、家禽购销合同

甲方（需方）：__________________________________

地 址：____________邮政编码：__________电话：__________

法定代表人：____________职务：____________

乙方（供方）：__________________________________

地 址：____________邮政编码：__________电话：__________

法定代表人：____________职务：____________

为了促进生猪、鲜蛋、菜牛、菜羊、家禽的商品生产，满足城乡人民生活对肉、蛋、禽商品的需要，经甲、乙双方充分协商，特订立本合同，以便双方共同遵守。

第一条 产品的名称、品种和数量

1. 产品的名称和品种：______________________________
__________。

2. 产品的数量：____
________。

(必须明确规定产品的计量单位和计量方法。)

第二条 产品的等级、质量和检疫办法

1. 产品的等级和质量：________________________________
__________。

(产品的等级和质量，国家有关部门有明确规定的，按规定标准确定产品的等级和质量；国家有关部门无明文规定的，由双方当事人协商确定。)

2. 产品的检疫办法：__________________________________
________。

(国家或地方主管部门有卫生检疫规定的，按规定进行检疫。)

第三条 产品的价格、货款结算与奖售办法

1. 产品的价格按下列第（　　）项执行：

(1) 派购任务或派购基数内的产品，执行国家规定的收购牌价。在合同执行期内遇有价格调整时，按新价格执行。

(2) 不属派购任务或派购基数的产品，收购价格由当事人协商议定。

2. 货款结算办法按下列第（　　）项执行：

(1) 对村民、专业户、个体经营户采取现金结算，钱货两清。

(2) 对按有关规定必须采取银行结算的，按银行的统一规定办法结算。

3. 奖售办法：

第四条 交货期限、地点和方式

____

________________________________。

（购销合同，原则上以1年为限，分季分月执行；根据鲜活商品的特点，交货日期经协商一致可适当提前或推迟。交货地点和方式，可由当事人商定。）

第五条 甲方的违约责任

1. 甲方未按合同规定收购或在合同期间退货的，应按未收或退货部分货款总值的____%（5%—25%），向乙方偿付违约金。

2. 甲方如需提前收购，征得乙方同意变更合同的，甲方应给乙方提前收购货物总值的____%的补偿。甲方因特殊原因必须逾期收购的，除比照中国人民银行有关延期付款的规定，按逾期收购部分货款总值计算向乙方偿付违约金外，还应承担供方在此期间所支付的保管费或饲养费，并承担因此而造成的其他实际损失。

3. 对通过银行结算而未按期付款的，应按中国人民银行有关延期付款的规定，向乙方偿付延期付款的违约金。

4. 乙方按合同规定交货，甲方无正当理由拒收的，除按拒收部分货物总值的____（5%—25%）向乙方偿付违约金外，还应承担乙方因此而造成的实际损失。

第六条 乙方的违约责任

1. 乙方逾期交货或交货少于合同规定的，如需方仍然需要的，乙方应如数补交，并应向甲方偿付逾期货或少交部分货物总值的____%的违约金；如甲方不需要的，乙方应按逾期或分交部分货款总值的____%（1%—20%）的违约金。

2. 乙方交货时间比合同规定提前，经有关部门证明理由正当的，甲方可考虑同意接收，并按合同规定付款；乙方无正当理由提前交货的，甲方有权拒收。

3. 乙方交售的产品规格、卫生质量标准与合同规定不符时，甲方可以拒收。乙方如经有关部门证明确有正当理由，甲方仍然需要乙方交货的，乙方可以迟延交货，不按违约处理。

第七条 不可抗力

合同执行期内，如发生自然灾害或其他不可抗力的原因，致使当事人一方不能履行、不能完全履行或不能适当履行合同的，应向对方当事人通报理由，经有关主管部门证实后，不负违约责任，并允许变更或解除合同。

第八条 其他约定

____。

当事人一方要求变更或解除合同，应提前通知对方，并采用书面形式由当事人双方达成协议。接到要求变更或解除合同通知的一方，应在7天之内作出答复，逾期不答复的，视为默认。

违约金、赔偿金应在有关部门确定责任后10天内（当事人有约定的，从约定）偿付，否则按逾期付款处理。任何一方不得自行用扣付货款来抵冲。

第九条 本合同正本一式二份，甲乙双方各执一份（两份具有同等效力）。

第十条 本合同于____年____月____日在____签订；有效期限至____年____月____日。

甲　方：______________________

代表人：______________　　　　____年____月____日

乙　方：______________________

代表人：______________　　　　____年____月____日

5. 棉花订购合同

供方（甲方）：________________________________

地址：__________邮政编码：_________电话：_________

法定代表人：__________职务：__________

需方（乙方）：________________________________

地址：__________邮政编码：_________电话：_________

法定代表人：__________职务：__________

根据国家现行收购棉花政策，经双方协商一致，签订本合同，共同遵守执行。

第一条 订购的棉花名称、品级、数量、质量、单价、总价款

品种	品级	数量（公斤）	质量要求	单价（元）	总价款（元）

第二条 交货方式、期限

1. 甲方自行送货。

2. 交货期限：____年____月____日至____月____日

3. 交货地点：____________________________________

第三条 验收方法

按照交货的时间与地点，取样验收。

第四条 预付款

乙方于____年____月____日前向甲方支付定金____元（不超过预购货总金额的25%）。

第五条 付款日期及结算方式

交货之日即结算，以下两种方式由甲方自愿选择：(1) 当面交付现金；(2) 通过银行转账。

第六条 乙方每收购50公斤皮棉按平价奖售标准化肥____市斤给甲方，边收购边兑现。

第七条 乙方收购籽棉，根据甲方的意愿，按国家政策规定返售棉籽____市斤（或棉油____市斤、棉饼____市斤）。

第八条 甲方的违约责任

1. 甲方未按合同订购的数量、品种、品级交售，应向乙方偿付两倍的预购定金（按未交售部分）和少交部分的总价值____%的违约金。

2. 甲方未按合同规定期限交售，每逾期10天，应向乙方偿付迟交部分总价值____%的违约金。

第九条 乙方的违约责任

1. 乙方拒收甲方按合同交售的棉花，应赔偿甲方的运输费用，并向甲方偿付拒收部分总价值____%违约金。

2. 乙方未按国家规定标准依质论价，压级压价，应赔偿甲方的实际损失。并偿付压价部分总价值____%的违约金。

3. 乙方未按合同规定奖售标准化肥和返售棉籽，甲方可以拒绝交售订购棉花，或由乙方按____________办法赔偿甲方的损失。

第十条 不可抗力

1. 甲方因严重自然灾害造成棉花欠收，确实无力全部或部分履行合同，不负违约责任。

2. 乙方因不可预见的不可抗力原因，确实无力全部或部分履行合同，不负违约责任。

第十一条 本合同如有未尽事宜，由双方约定。

第十二条 本合同执行中如发生争议，由双方协商解决，如协商不成，可由人民法院判决。

第十三条 本合同于____年____月____日在____签订；有效期至____年____月____日。

第十四条 本合同一式二份，双方各执一份。

甲　方：______________________
代　表：________（签名）　　　　____年__月__日

乙　方：______________________
代　表：________（签名）　　　　____年__月__日

6. 财产租赁合同

出租单位：（以下简称出租方）________________________
地　址：____________邮政编码：__________电话：__________
法定代表人：____________职务：____________
承租单位：（以下简称承租方）________________________
地　址：____________邮政编码：__________电话：__________
法定代表人：____________职务：____________

为了明确出租方与承租方的权利义务，根据《中华人民共和国合同法》的有关规定，经双方充分协商，特订本合同，以便共同遵守。

第一条 租赁财产及附件的名称、数量、质量与用途______

____

____

______________________。

第二条 租赁期限

租赁期共____年零____月，出租方自____年____月____日起将____（租赁财产）交付承租方使用，至____年____月____日收回。

第三条 租金数额、结算方式及交纳期限

根据国家规定的____（租赁财产）的租金标准（无统一规定的，由双方当事人商定），承租方每月（年）应向出租方交付租金____元，交纳租金的时间为每月（年）的最末一日（或双方商定其他时间一次或几次交付）。

第四条 租赁财产的维修保养

租赁期间，____（租赁财产）的维修与保养由____方负责，一切维修保养费用均由____方承担。

第五条 出租方与承租方的变更

1. 在____（租赁财产）出租期间，出租方如将____（租赁财产）所有权转移给第三方，应告知承租方____（租赁财产）所有权转移的情况。____（租赁财产）所有权转移后，____（租赁财产）所有权取得方即成为本合同的当然出租方，享有原出租方享有的权利，承担原出租方承担的义务。

2. 承租方如因工作上的需要，将____（租赁财产）转让给第三方承担使用，必须事先征得出租方的同意。取得____（租赁财产）使用权的第三方即成为本合同的当然承租主，享有原承租方的权利，承担原承租方的义务。

第六条 违约责任

1. 出租方的违约责任______________________________
____。

2. 承租方的违约责任______________________________
____。

第七条 遇不可抗力而造成____（租赁财产）的损坏或灭失，经有关部门鉴定属实，承租方及时向出租方说明情况，不负修复或赔偿的责任。

第八条 在本合同规定的租赁期届满前____日内，双方如愿意延长租赁期，应重新签订合同。租赁期间，合同双方的任何一方均不得擅自修改或随意废除合同。本合同中如有未尽事宜，须经合同双方共同协商，作出补充规定，补充规定与本合同具有同等效力。

第九条 因本合同发生争议，按（ ）项解决：

1. 向____仲裁委员会申请仲裁；

2. 向____人民法院起诉。

第十条 本合同正本一式二份，双方各执一份。

出租方：____________（盖章）

代表人：____________（盖章）

____年____月____日

承租方：____________（盖章）

代表人：____________（盖章）

____年____月____日

7. 仓储保管合同

存　货　方：______________________________

地　址：__________邮政编码：________电话：________

法定代表人：__________职务：__________

保　管　方：______________________________

地　址：__________邮政编码：________电话：________

法定代表人：__________职务：__________

根据《中华人民共和国合同法》的有关规定，存货方和保管方根据委托储存计划和仓储容量，经双方协商一致，签订本合同。

第一条　储存货物的品名、品种、规格、数量、质量

1. 货物品名：

2. 品种规格：

3. 数量：

4. 质量：

第二条　货物包装

1. 存货方负责货物的包装，包装标准，按国家或专业标准规定执行。(没有以上标准的，在保证运输和储存安全的前提下，由合同当事人议定。)

2. 包装不符合国家或合同规定，造成货物损坏、变质的，由存货方负责。

第三条　保管方法（根据有关规定进行保管，或者根据双方协商方法进行保管。)

第四条　保管期限自____年____月____日至____年____月__

____日止。

第五条 验收项目和验收方法

1. 存货方应当向保管方提供必要的货物验收资料，如未提供必要的货物验收资料或提供的资料不齐全、不及时，所造成的验收差错及贻误索赔期或者发生货物品种、数量、质量不符合合同规定时，保管方不承担赔偿责任。

2. 保管方应按照合同规定的包装外观、货物品种、数量和质量，对入库货物进行验收，如果发现入库货物与合同规定不符，应及时通知存货方。保管方未按规定的项目、方法和期限验收，或验收不准确而造成的实际经济损失，由保管方负责。

3. 验收期限为____天（国内货物不超过10天，国外到货不超过30天）超过验收期限所造成的损失由保管方负责。货物验收期限，是指货物和验收资料全部送达保管方之日起，至验收报告送出之日止。日期均以运输或邮电部门的戳记或直接送达的签收日期为准。

第六条 入库和出库的手续：按照有关入库、出库的规定办理（如无规定，按双方协议办理）。入库和出库时，双方代表或经办人都应在场，检验后的记录要由双方代表或经办人签字。该记录视为合同的有效组成部分，当事人双方各保存一份。

第七条 损耗标准和损耗处理：按照有关损耗标准和损耗处理的规定办理（如无规定，按双方协议办理）。

第八条 费用负担、结算办法：

第九条 违约责任

一、保管方的责任

1. 由于保管方的责任，造成退仓或不能入库时，应按合同规定赔偿存货方运费和支付违约金。

2. 对危险物品和易腐货物，不按规程操作或妥善保管，造成毁损的，负责赔偿损失。

3. 货物在储存期间，由于保管不善而发生货物灭失、短少、变质、污染、损坏的，负责赔偿损失。如属包装不符合合同规定或超过有效储存期而造成货物损坏、变质的，不负赔偿责任。

4. 由保管方负责发运的货物，不能按期发货，赔偿存货方逾期交货的损失；错发到货地点，除按合同规定无偿运到规定的到货地点外，并赔偿存货方因此而造成的实际损失。

二、存货方的责任

1. 易燃、易爆、有毒等危险物品和易腐物品，必须在合同中注明，并提供必要的资料，否则造成货物毁损或人身伤亡，由存货方承担赔偿责任直至由司法机关追究刑事责任。

2. 存货方不能按期存货，应偿付保管方的损失。

3. 超议定储存量储存或逾期不提时，除交纳保管费外，还应偿付违约金。

三、违约金和赔偿方法

1. 违反货物入库计划的执行和货物出库的规定时，当事人必须向对方交付违约金。违约金的数额，为违约所涉及的那一部分货物的3个月保管费（或租金）或3倍的劳务费。

2. 因违约使对方遭受经济损失时，如违约金不足抵偿实际损失，还应以赔偿金的形式补偿其差额部分。

3. 前述违约行为，给对方造成损失的，一律赔偿实际损失。

4. 赔偿货物的损失，一律按照进货价或国家批准调整后的价格计算；有残值的，应扣除其残值部分或残件归赔偿方，不负责赔偿实物。

第十条　不可抗力

由于不能预见并且对其发生和后果不能防止或避免的不可抗力事故，致使直接影响合同的履行或者不能按约定的条件履行时，遇有不可抗力事故的一方，应立即将事故情况电报通知对方，并应在7天内，提供事故详情及合同不能履行、或者部分不能履行、或者需要延期履行理由的有效证明文件。

第十一条 其他约定

保管方：________________________

代表人：____________

____年____月____日

存货方：________________________

代表人：____________

____年____月____日

8. 水路运输合同

甲　方：__________________________

地　址：__________邮政编码：________电话：________

法定代表人：__________职务：__________

乙　方：__________________________

地　址：__________邮政编码：________电话：________

法定代表人：__________职务：__________

根据《中华人民共和国合同法》和海上运输管理规定的要求，________（简称甲方）向________交通海运局（简称乙方），计划托运________货物，乙方同意承运，特签定本合同，共同遵守，互相制约，具体条款经双方协商如下：

一、运输方法

乙方调派____吨位船舶一艘（船舶 吊装设备），应甲方要求由____港运至____港，按现行包船运输规定办理。

二、货物集中

甲方应按乙方指定时间，将____货物于____天内集中于____港，货物集齐后，乙方应在5天内派船装运。

三、装船时间

甲方联系到达港同意安排卸装后，经乙方落实并准备接收集货（开集日期由乙方指定）。装船作业时间，自船舶抵港已靠好码头时起于____小时内装完货物。

四、运到期限

船舶自装货完毕办好手续时起于____小时内将货物运到目的港。否则按有关规定承担滞延费用。

五、启航联系

乙方在船舶装货完毕启航后，即发报通知甲方做好卸货准备。如需领航时亦通知甲方按时派引航员领航，费用由____方负担。

六、卸船时间

甲方保证乙方船舶抵达____港锚地，自下锚时起于____小时内将货卸完。否则甲方按超过时间向乙方交付滞延金每吨时____元，在装卸货过程中，因天气影响装卸作业的时间，经甲方与乙方船舶签证，可按实际影响时间扣除。

七、运输质量

乙方装船时，甲方应派员监装，指导工作照章操作，装完船封好舱，甲方可派押运员（免费一人）随船押运。乙方保证原装原运，除因船舶安全条件所发生的损失外，对于运送货物的数量和质量均由甲方自行负责。

八、运输费用

按国家规定水运货物一级运价率以船舶载重吨位计货物运费____元，空驶费按运费的50%计____，全船运费为____元，一次计收。

九、费用结算

本合同经双方签字后，甲方应先付给乙方预付运输费用____元。乙方在船舶卸完后，以运输费用凭据与甲方一次结算，多退少补。

十、附则

本合同甲乙双方各执正本一份，副本__份。并向工商行政管理局登记备案，如有未尽事宜，按照《中华人民共和国合同法》及国家的有关规定处理。

甲　方：______________________

代表人：________

____年____月____日

乙　方：______________________

代表人：________

____年____月____日

9. 货物运输合同

托　运　方：________________________________

地　址：____________邮政编码：________电话：__________

法定代表人：____________职务：____________

承　运　方：________________________________

地　址：__________ 邮政编码：__________ 电话：__________

法定代表人：__________ 职务：__________

根据国家有关运输规定，经过双方充分协商，特订立本合同，以便双方共同遵守。

第一条 货物名称、规格、数量、价款

货物编号	品 名	规格	单位	单价	数量	金额（元）

第二条 包装要求

托运方必须按照国家主管机关规定的标准包装；没有统一规定包装标准的，应根据保证货物运输安全的原则进行包装，否则承运方有权拒绝承运。

第三条 货物起运地点

货物到达地点

第四条 货物承运日期

货物运到期限

第五条 运输质量及安全要求

第六条 货物装卸责任和方法

第七条 收货人领取货物及验收办法

第八条 运输费用、结算方式

第九条 各方的权利义务

一、托运方的权利义务

1. 托运方的权利：要求承运方按照合同规定的时间、地点、把货物运输到目的地。货物托运后，托运方需要变更到货地点或收货人，或者取消托运时，有权向承运方提出变更合同的内容或解除合同的要求。但必须在货物未运到目的地之前通知承运方，

并应按有关规定付给承运方所需费用。

2. 托运方的义务：按约定向承运方交付运杂费。否则，承运方有权停止运输，并要求对方支付违约金。托运方对托运的货物，应按照规定的标准进行包装，遵守有关危险品运输的规定，按照合同中规定的时间和数量交付托运货物。

二、承运方的权利义务

1. 承运方的权利：向托运方、收货方收取运杂费用。如果收货方不交或不按时交纳规定的各种运杂费用，承运方对其货物有扣压权。查不到收货人或收货人拒绝提取货物，承运方应及时与托运方联系，在规定期限内负责保管并有权收取保管费用，对于超过规定期限仍无法交付的货物，承运方有权按有关规定予以处理。

2. 承运方的义务：在合同规定的期限内，将货物运到指定的地点，按时向收货人发出货物到达的通知。对托运的货物要负责安全，保证货物无短缺，无损坏，无人为的变质，如有上述问题，应承担赔偿义务。在货物到达以后，按规定的期限，负责保管。

三、收货人的权利义务

1. 收货人的权利：在货物运到指定地点后有以凭证领取货物的权利。必要时，收货人有权向到站、或中途货物所在站提出变更到站或变更收货人的要求，签订变更协议。

2. 收货人的义务：在接到提货通知后，按时提取货物，缴清应付费用。超过规定提货时，应向承运人交付保管费。

第十条 违约责任

一、托运方责任

1. 未按合同规定的时间和要求提供托运的货物，托运方应按其价值的____%偿付给承运方违约金。

2. 由于在普通货物中夹带、匿报危险货物，错报笨重货物重量等招致吊具断裂、货物摔损、吊机倾翻、爆炸、腐蚀等事故，托运方应承担赔偿责任。

3. 由于货物包装缺陷产生破损，致使其他货物或运输工具、机械设备被污染腐蚀、损坏，造成人身伤亡的，托运方应承担赔偿责任。

4. 在托运方专用线或在港、站公用线、专用线自装的货物，在到站卸货时，发现货物损坏、缺少，在车辆施封完好或无异状的情况下，托运方应赔偿收货人的损失。

5. 罐车发运货物，因未随车附带规格质量证明或化验报告，造成收货方无法卸货时，托运方应偿付承运方卸车等存费及违约金。

二、承运方责任

1. 不按合同规定的时间和要求配车、发运的，承运方应偿付甲方违约金____元。

2. 承运方如将货物错运到货地点或接货人，应无偿运至合同规定的到货地点或接货人。如果货物逾期达到、承运方应偿付逾期交货的违约金。

3. 运输过程中货物灭失、短少、变质、污染、损坏，承运方应按货物的实际损失（包括包装费、运杂费）赔偿托运方。

4. 联运的货物发生灭失、短少、变质、污染、损坏，应由承运方承担赔偿责任的，由终点阶段的承运方向负有责任的其他承运方追偿。

5. 在符合法律和合同规定条件下的运输，由于下列原因造成货物灭失、短少、变质、污染、损坏的，承运方不承担违约责任：

①不可抗力；

②货物本身的自然属性；

③货物的合理损耗；

④托运方或收货方本身的过错。

本合同正本一式二份，合同双方各执一份；合同副本一式__份，送……等单位各留一份。

托运方：________________________

代表人：____________

____年____月____日

承运方：________________________

代表人：____________

____年____月____日

参考文献：

http：//www.dastu.com